D1692776

Peter Panzer · Die Hege der Stockente im Binnenland

Peter Panzer

Die Hege der Stockente
im
Binnenland

verlag dieter hoffmann

© 1987 Verlag Dieter Hoffmann, 6500 Mainz
ISBN 3 87341-0613
Fotos: Peter Panzer

Gesamtherstellung:
Druckwerkstätten Dieter Hoffmann GmbH
6500 Mainz 41

Inhaltsverzeichnis

Einleitung	7
Neugestaltung und Erhaltung der Feuchtgebiete	11
Der Brutbiotop	44
Künstliche Bruthilfen	51
Die Kontrolle der Gelege	63
Künstliche Aufzucht	70
Die Fütterung	88
Regulation der natürlichen Feinde	99
Krankheiten der Stockenten	121
Bejagung der Stockenten	127
Hochbrutflugenten	137
Literatur	143

Einleitung

Der auf den ersten Blick etwas einschränkend erscheinende Titel des vorliegenden Buches soll natürlich nicht ausschließen, daß auch andere Enten- und Wasserwildarten unbedingt der Hege bedürfen. Aber ganz automatisch wird mit der Stockentenhege für alle bei uns im Binnenland vorkommenden Bewohner der Feuchtbiotope ein wertvoller Beitrag geleistet. Gerade auf jagdlicher Ebene besteht die Möglichkeit, flächendeckend für den Fortbestand der noch stabilen Stockentenbesätze Sorge zu tragen.

In erster Linie ist gerade die Neugestaltung und Erhaltung der Feuchtgebiete eine Hegemaßnahme, die für „geschützte" Enten und andere Tierarten Lebensraum schafft, die dem Jagdrecht nicht unterliegen.

Aus diesem Grund liegt die Anleitung zur speziellen Stockentenhege an der Tatsache, daß allein dieser Entenart die größte jagdliche Bedeutung zukommt und alle Hegebemühungen der Jäger zu annähernd 90 % von diesen größten einheimischen Enten genutzt werden.

Eine Ausnahme bilden Reviere in Küstennähe oder große Mauser- und Überwinterungsgewässer wie z. B. das Ismaninger Teichgebiet bei München, wo auch andere Arten wie Tafel-, Reiher-, Spieß-, Löffel- und Knäckenten – um nur einige zu nennen – brüten. In den letzten Jahren konnte man immer wieder lesen, daß bei Wasservogelzählungen etwa seit 1950 gerade bei den Stockenten eine steigende Tendenz zu verzeichnen ist. Diesen, in Anbetracht der schwierigen Bestandsaufnahmemethoden wohl nicht ganz zuverlässigen Zahlen möchte ich entgegenhalten, daß genau in dieser Zeit in Deutschland der sogenannte Bauboom einsetzte und durch ihn ein Großteil der natürlichen Wasserwildlebensräume verschwunden ist. Infolgedessen müssen sich die Stockenten in den Erhebungsgebieten zwangsläufig konzentrieren und somit werden steigende Bestandszahlen vorgetäuscht. Ähnlich sieht es bei den Streckenergebnissen der letzten Jahre aus. Auch hier sind kontinuierlich steigende Zahlen z. B. im DJV-Handbuch nachzulesen. Wenn aber der Jagddruck – möglicherweise wegen der schwachen Niederwildbesätze der vergangenen Jahre – auf diese Wildart steigt, dann müssen zwangsläufig auch die Streckenzahlen mitsteigen. In zahlreichen Jägermeinungen und auch einigen Artikeln der Fachpresse kommt die Unbedenklichkeit und Sorglosigkeit um die Hege der Stockente zum Ausdruck. Aber gerade Sorglosigkeit führte zum Teil dazu, daß heute so mancher Jagdherr die Strecke einer Fasanen- oder Hasenjagd, von den Hühnern ganz zu schweigen, mit runzelnder Stirn und massiven Selbstvorwürfen „Jagd vorbei" und „Halali" verblasen läßt. Alle Hegebemühungen und Auswilderungsversuche der letzten Jahre haben bei den Niederwildarten bis heute nicht den erhofften Erfolg gebracht. Wobei klar wird, daß das Füllhorn der 60er und 70er Jahre für die meisten Jäger nur Erinnerung bleibt.

Aus dieser – für uns so negativen Erfahrung – können die Pioniere der Wasserbiotope profitieren, wenn wir Jäger die Stockentenhege in den geeigneten Revieren nicht nur am Rande betreiben. Es muß nicht so weit kommen, daß eines Tages auch die Stockenten von der Jagdzeit ausgenommen werden und nur noch domestizierte, gescheckte oder wildfarbene Hochbrutbastarde unsere Gewässer bevölkern. Selbst Massenansammlungen auf sommerlichen Rastplätzen oder relativ hohe Streckenergebnisse in besonders günstig gelegenen Revieren dürfen nicht darüber hinwegtäuschen, daß die Entenbesätze bei ständig schlechter werdenden Lebensbedingungen eines Tages schrumpfen werden. Die gleichgültige Zerstörung der ortsnahen Teiche und Tümpel in unserer derzeit noch sehr strapazierten Agrar- und Erholungslandschaft, gekoppelt mit den immer noch anhaltenden Vergiftungen der Gewässer durch Industrie und Überdüngung durch die Landwirtschaft tragen nicht gerade dazu bei, an das Flugwild der Zukunft noch zu glauben. Nicht zuletzt die gedankenlose Faunenverfälschung mit Hochbrutflugenten – zum größten Teil aus den Reihen der Jägerschaft verursacht –, und der Befall von Botulismus, Salmonellose und Parasiten können in absehbarer Zukunft dazu beitragen, den bis jetzt noch stabilen Stockentenbesätzen den Garaus zu machen.

Diese Erkenntnis sollte den Gedanken an die Notwendigkeit der Stockentenhege bestärken und uns bewußt werden lassen, daß eine der anpassungsfähigsten Wildarten aus der Erfahrung der Vergangenheit profitieren kann. Darüber hinaus kann die Stockentenhege als echte Naturschutzmaßnahme betrachtet werden. Die Neuanlage und Pflege von Feuchtgebieten bedeutet Lebensraum für ca. 80 % der auf der Roten Liste stehenden Vögel, Fische, Amphibien, Insekten und Pflanzen der nassen Standorte. Es gibt wohl kaum eine Wildart, die so schnell auf die praktizierte Hege anspricht und darauf so dankbar reagiert wie die Stockente.

Die folgenden Erfahrungen sollen versuchen, einen Einblick in eine naturnahe Hege und Biotopgestaltung einer der beliebtesten und elegantesten Flugwildart zu vermitteln.

September 1987

Peter Panzer

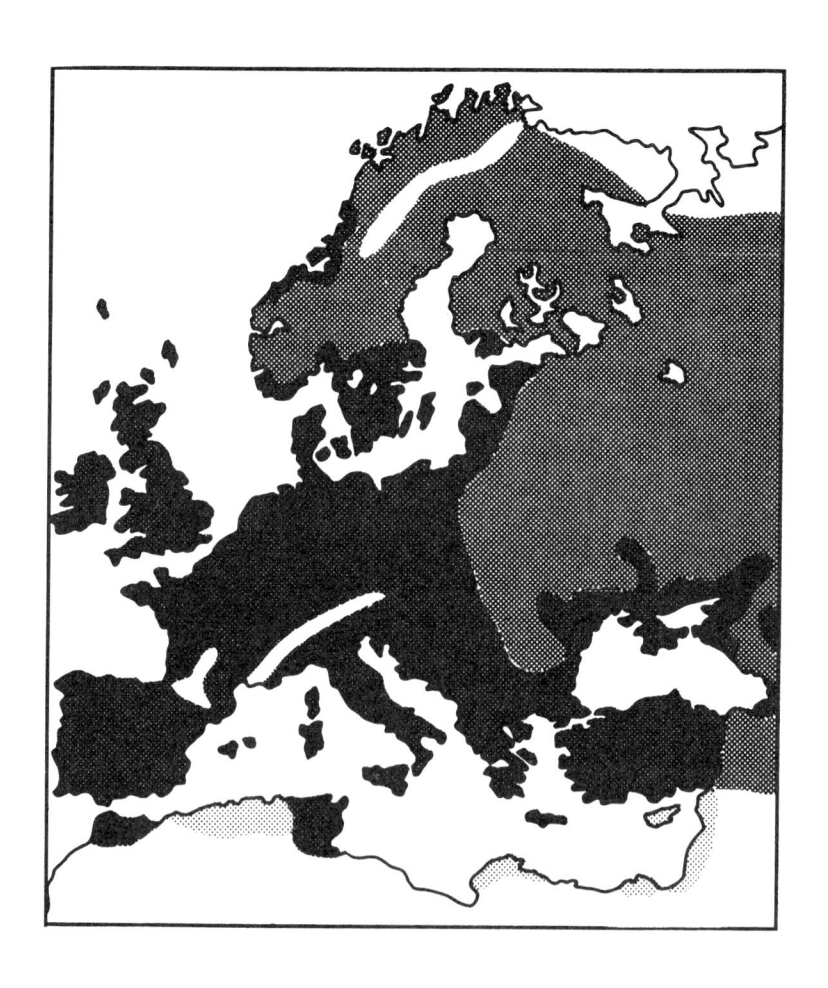

Verbreitungsgebiet der Stockente in Europa

Außer in Europa kommt die Stockente fast auf der gesamten nördlichen Halbkugel vor. Allerdings enden die Brutvorkommen in den Gebirgsregionen 2 000 m über NN, wie aus dieser Karte ersichtlich ist (Skandinavien, Alpen, Pyrenäen).

Neugestaltung und Erhaltung der Feuchtgebiete

Es gehört leider zu den schockierenden Tatsachen unserer Zeit, daß kleine und mittelgroße Gewässer wie Tümpel, Teiche, Weiher, Naßwiesen, Sumpfgebiete, natürliche Bachläufe und Flußufer nach dem Krieg bis zu 80 % aus unserem Wirtschaftswunderland verschwunden sind. Auch wenn wir Jäger heute die Gründe dieser – aus unserer Sicht – negativen Zeitentwicklung kennen, müssen wir zugeben, daß auch wir nicht immer genügend Initiative ergriffen haben, um die oftmals leichtfertige Zerstörung so mancher natürlicher Wildlebensräume zu verhindern. Denn auch Jäger sind Grundbesitzer und Politiker, ob im Bundes-, Landes- oder Kommunalbereich. Aus diesem Grund wird erforderlich, daß gerade wir Jäger uns zum vorherrschenden Grundsatz machen, Feuchtgebiete mit all den uns zur Verfügung stehenden Mitteln neu zu schaffen.

Der AID – Auswertungs- und Informationsdienst für Ernährung, Landwirtschaft und Forsten – in Bonn, der sich schon lange mit diesem Umweltproblem befaßt, hat in einer Broschüre von 1984 unter anderem die Jägerschaft aufgerufen, sich an der Neuanlage und Sicherung von Tümpeln und Teichen zu beteiligen, um das bestehende Defizit der Wasserwildlebensräume einigermaßen zu kompensieren. Naturnahe Feuchtgebiete neu zu schaffen und vorhandene zu gestalten ist der erste und wichtigste Schritt zur Hege der Stockenten und des anderen Wasserwildes.

Da der Leser auf den folgenden Seiten mit dem Begriff „Feuchtgebiet" immer wieder konfrontiert wird, hier eine Erklärung:

Nach der „Ramsar-Konvention" und der internationalen Konferenz zum Schutz von Feuchtgebieten in Heiligenhafen/Ostsee im Dezember 1974 versteht man unter dem Sammelbegriff „Feuchtgebiete": Naßwiesen, Moor- und Sumpfgebiete, sowie Gewässer, natürlich oder künstlich, dauernd oder zeitweilig stehend oder fließend, Süß-, Brack- oder Salzwasser, einschließlich solcher Meeresgebiete, deren Tiefe bei Niedrigwasser 6 m nicht übersteigt.

Um überhaupt mit der Hege des Wasserwildes beginnen zu können, muß erst einmal der für die Enten geeignete Lebensraum – nämlich das Wasser – egal in welcher Form und Größe, zur Verfügung stehen. Sofern es nicht schon im Revier vorhanden ist, kann bei einer geeigneten geographischen Lage mit relativ erschwinglichem finanziellen Eigenaufwand und einigen Helfern ein durchaus intakter Lebensraum für Wasserwild geschaffen werden. Günstige Standorte hierfür sind Quellbereiche in Talsenken, entstandene Restgewässer der Bodennutzung, Naßwiesen mit Anbindemöglichkeit an Fließgewässer und stark staunasse Flächen. Bei letzteren besteht leider bei extrem trockenen heißen Sommermonaten die Gefahr, daß der neuangelegte Teich austrocknet. Um Versickerungs- und Verdunstungsverluste auszugleichen und die neueingebrachte Bepflanzung durch starke Wasserstandsschwankungen nicht zu gefährden, wäre ein kontinuierlicher Wasserzufluß von 1 l/sec. bei einer Fläche von 1 ha erforderlich. Diese Fragen, die für ein Feuchtgebiet lebenswichtig sind, müssen geklärt werden, bevor irgendwelche baulichen Maßnahmen geschehen, damit Arbeit und Geld nicht unnötig investiert werden.

Auch wenn der Gedanke an die Verwirklichung eines Teichbaues oder an die Renaturierung einer Kiesgrube auf Anhieb etwas verwirrend und umständlich erscheint, so kann doch unter Zuhilfenahme einiger systematischer Punkte der Bau eines Feuchtgebietes ohne Probleme anlaufen.

Ein wichtiger Faktor muß allerdings vorher zur Sprache kommen, der alle, die sich in dieser Richtung orientieren, interessieren wird. Es ist die Finanzierung. Einige Bundesländer und sogar Jagd- und Naturschutzverbände gewähren für die Schaffung von Wasser- und Feuchtbiotopen im Rahmen der Landespflege bis zu 80 % Zuwendungen. Grundbedingung hierfür ist allerdings die Genehmigung des Antrages durch die Landespflegebehörde.

Daß die Genehmigung zum Bau eines Teiches – natürlich regional unterschiedlich – Monate dauern kann, hängt nicht nur vom scheinbaren Paragraphenwust ab, es liegt in erster Linie an der überaus kritischen Prüfung solcher Anträge durch die zuständige Behörde. Denn nicht selten hat sich nach der erteilten Bauerlaubnis in den vergangenen Jahren herausgestellt, daß nicht nur nackte, sterile Wasserlöcher gebaut, sondern auch noch private, kommerzielle oder einseitige Zwecke verfolgt wurden. Bei jedem Natureingriff müssen bei der Beantragung von vornherein der Landschaftspflege- und Naturschutzgedanke klar im Vordergrund stehen. Die folgenden Ratschläge sind allgemein anwendbar, die rechtlichen Verordnungen am Ende des Kapitels beziehen sich jedoch nur auf das Land Rheinland-Pfalz, damit dieses Buch nicht zu einer trockenen Paragraphensammlung wird. Dennoch wird darauf hingewiesen, daß die Naturschutzgesetze des Bundes und der Länder nur geringfügig voneinander abweichen.

Nach Klärung der Standorteignung und der Eigentumsverhältnisse sind folgende Schwerpunkte bei der Bauplanung eines Teiches zu berücksichtigen:

1. Das Ufer soll überwiegend sehr flach, das heißt in eine breite Flachwasserzone auslaufen.

2. Für einen deckungsreichen Uferverlauf mit vielen Buchten und Halbinseln ist zu sorgen.

3. Für einen biologisch intakten Wasserlebensraum ist eine angemessene Tiefwasserregion, z. B. in der Mitte des Teiches oder in größeren Buchten erforderlich.

4. Da die neuangelegten Gewässer in der Mehrzahl einen länglichen, ovalen Grundriß bekommen, muß der Bepflanzungsplan nach Nord- und Süduferbepflanzung, wie aus der später folgenden Modellbezeichnung hervorgeht, erstellt werden.

5. In Talsenken das Aushubmaterial so verbauen, daß ein flacher Damm entsteht, der mögliche Pestizid-, Dünger-, Jauche- und Silageauswaschungen der umliegenden landwirtschaftlich genutzten Flächen zuerst um den Teich herum und dann in den Abfluß führt.

6. Bei intensivem Viehauftrieb kann unter Umständen je nach Größe und Beschaffenheit des Gewässers ein abgezäunter Streifen als Viehtränke zur Verfügung gestellt werden. Bekanntlich ist eine Nährstoffanreicherung durch eingebrachten Kuhmist in nährstoffarmen Teichen z. B. in Sand- und Kiesgruben eine erfolgversprechende Methode. Man hüte sich aber vor einer Überdüngung oder Nährstoffübersättigung (Polytrophierung), da die Düngung der Uferwiesen mit Jauche und Gülle bei zusätzlichem Viehtritt in der warmen Jahreszeit schnell zu einer Katastrophe führen kann. Durch die Überdüngung gelangen hohe Mengen Phosphor

in Teiche und Seen, aber Phosphor begünstigt sehr das Pflanzenwachstum. Dadurch wuchern dicke Algenwatten an der Oberfläche, die durch die Fotosynthese den oberen Bereich des Wassers mit Sauerstoff so übersättigen, daß es zu einer Anreicherung bis zu 300 % kommen kann. Wasserflöhe und Jungfische sterben bereits ab 125 % und Insektenlarven ab 135 % ab. Im dichten Pflanzenplankton (Phytoplankton) an der Oberfläche reagiert das Wasser stark alkalisch und der pH-Wert steigt bis 10 an. Bei einer Neutralstufe von 7 wird somit das Wasser lebensfeindlich für Fische und Wassertiere, die dann in tiefere Regionen ausweichen. Doch auch hier lauert Gefahr. Die abgestorbenen Algen verwesen, brauchen den ohnehin geringen Sauerstoff im tiefen Wasser auf und setzen ihren Phosphor wieder frei. Sinkt dann der Sauerstoffgehalt unter 30 % ab, wird der Phosphor nicht mehr gebunden und treibt an der Oberfläche abermals das Wachstum an. Durch diesen Teufelskreis bleibt das Zooplankton (tierische Organismen) im Gründelbereich der Stockenten als wertvolle Eiweißnahrung aus. Außerdem kann es unter Umständen zum sogenannten „Umkippen" des Wassers kommen.

7. Da immer wieder als Optimalstandort die Anbindemöglichkeit an einen Bach oder Quellabfluß empfohlen werden kann und ein kontrollierbarer Wasserstand auf lange Sicht für das geplante Feuchtgebiet den Erfolg der standortgerechten Bepflanzung sichert, gibt es eine Möglichkeit, den Wassereinlauf auf seine Zuflußmenge zu überprüfen. Dazu staut man den vorbeifließenden Bach genau an der Stelle des geplanten Teicheinlaufes etwa 50 cm hoch und schneidet in das oberste Brett eine V-förmige Kerbe ein. Unter den Einschnitt wird anschließend ein Eimer gestellt, die Zeit bis zum Vollwerden gestoppt und die Füllmenge in l/sec. umge-

rechnet. Mit diesem Verfahren läßt sich dann leicht feststellen, ob ein Verdunstungs- und Versickerungsausgleich stattfindet. Die sicherste Prüfzeit sind die niederschlagsarmen, heißen Sommermonate, damit der unterste Grenzwert kalkulierbar wird.

8. Je großflächiger und dichter der Hecken- und Strauchbestand am Wasser, um so größer die Artenvielfalt und der Schutz des Gewässers.

9. Die Zufahrtswege so anlegen, daß Erholungssuchende und Tierfotografen aus einiger Entfernung beobachten können, ohne daß das Feuchtgebiet ständig beunruhigt wird.

10. Auf keinen Fall den Teich so planen, daß eine befahrene Straße (Todespiste) zwischen dem lebenswichtigen Element Wasser und der nächsten Deckung liegt.

11. Ausreichend Erklärungs- und Hinweistafeln aufstellen, damit die interessierte Öffentlichkeit hinreichend informiert wird.

Liegt die Zustimmung der Behörde vor, kann mit dem geplanten Bauvorhaben begonnen werden. Die Abbildungen zeigen Revierteile, die sich für die Neuanlage eines Feuchtgebietes geradezu anbieten.

Dieses Wiesental, das an der Nordseite von einem Bach durchflossen wird, läßt sich gut zu einem Feuchtgebiet mit „Anbindung" umgestalten.

In einer alten Kiesgrube hat sich schon von selbst durch Oberflächenwasser ein ausbaufähiger Tümpel mit Rohrkolbenbestand gebildet.

Beim letzten Beispiel muß allerdings noch einmal darauf hingewiesen werden, daß die Neubepflanzung im Sommer durch drastische Wasserspiegelabsenkung gefährdet ist. Ohne die standortgerechte Bepflanzung kann aber ein ausgebaggerter Teich niemals ein natürliches Entenbiotop werden. Der Besitzer oder Jagdpächter kann in 8–10 Arbeitsstunden die groben Umrisse herstellen lassen. Bei weichen, tiefgründigen Böden empfiehlt sich der Einsatz eines Baggers, bei stehenden, tragenden Böden ist der Einsatz einer Raupe wirtschaftlicher. Die wichtigste Gestaltungsmaßnahme bei den Erdarbeiten ist zweifellos die Herstellung der Uferböschung, denn die Entenküken müssen jederzeit, ob mit oder ohne Mutterente (bei künstlicher Aufzucht), das Wasser verlassen können. Sie haben in den ersten 6 Lebenstagen noch keine gefetteten Daunen, sondern nur etwas Gefiederfett, das ihnen die Mutter während des Huderns überträgt. Die Küken würden nach einem längeren Wasseraufenthalt unterkühlen und ertrinken. Ein weiterer Grund für das ganz flache Auslaufen des Ufers besteht in der damit geschaffenen Flachwasserzone, die als Gründelbereich für die Stockenten besonders wichtig ist. Gerade die Flachwasserzone ist der Bereich, in dem die Unterwasserpflanzen als Lebensraum der Kleintiere besonders für tierische Eiweißnahrung sorgen. Hauptsächlich die deckungsspendende Flachwasserbepflanzung soll in der Übergangszone einen breiten Gürtel um das ganze Gewässer bilden können. Ein empfehlenswertes Richtmaß für das Gefälle der Uferböschung ist 1 : 10, d. h. auf 1 m Länge 10 cm Gefälle. Das gleiche gilt natürlich für die Ruheinseln, die für die Entenhege unentbehrlich sind. Die Stockenten bevorzugen Tagesruheplätze, die völlig vom Wasser umgeben sind. Vor allem die führende Ente fühlt sich auf flachen, bewachsenen Inseln mit ihrem Nachwuchs am sichersten und wird ihren Tagesaufenthalt bevorzugt nach dort verlegen.

Ein wertvoller Naturschutzgedanke wird mit der Gestaltung eines kurzen Steilufers an der Nordwestseite des Teiches verwirklicht, um Eisvögeln eine Brutmöglichkeit anzubieten.

Wer den blauen Edelstein, den einheimischen Königsfischer kennt und ein neues Feuchtgebiet plant, wird dem farbenprächtigen Fischjäger im Gefüge des Wasserbiotops gerne eine Steilwand, ca. 150 cm hoch und 500 cm lang, bereitstellen. Denn ausschließlich die Zerstörung seiner Lebensräume haben ihm einen Platz auf der immer umfangreicher werdenden „Roten Liste" verschafft. In der Nähe eines Teiches oder Bachlaufs mit noch sauberem Wasser und Fischbesatz braucht der Eisvogel eine geeignete, leicht bewachsene Steilwand, damit er im sandigen, stehenden Boden eine Brutröhre graben kann. Im Fachhandel werden neuerdings schon Niströhren aus Holzbeton für den Verbau im Uferbereich angeboten.

Um die neue Wand für den Eisvogel attraktiver zu gestalten, bohrt man mit einer Eisenstange von 7 cm Durchmesser einige, etwa 60 cm tiefe Löcher, die ca. 100 cm über dem max. Wasserstand liegen.

Auch wenn man seine Anwesenheit gerade an Salmoniden-Zuchtgewässern nicht überall ohne weiteres akzeptiert, ja wegen seines Mundraubes sogar verfolgt, so muß er an neu entstandenen Naturteichen doch unbedingt wieder Lebensraum finden können.

Die Jagdgründe des Eisvogels liegen aus Ermangelung von sauberen Kleinfischgewässern oftmals mehrere Kilometer von der Bruthöhle entfernt. Ob er bei derartigen Anflugstrecken seinen Nachwuchs überhaupt am Leben erhalten kann, ist äußerst fraglich. Deshalb ist der Besatz eines neuen Teiches mit weniger wertvoller Weißfischbrut unerläßlich.

Weiterhin ist bei den Baggerarbeiten darauf zu achten, daß der Mutterboden gesondert gelagert wird, damit er bei den letzten Planierarbeiten wieder bis zum untersten Bereich des Böschungswinkels – der später im Wasser liegt – eingeebnet werden kann. Der nährstoffreiche Mutterboden ist unentbehrlich für eine erfolgreiche Teichbepflanzung. Obwohl die eingesetzte Maschine – Raupe oder Bagger – nicht exakt nach Plan arbeiten kann, sollte aber größter Wert auf die Entstehung aller eingezeichneten Halbinseln, Inseln und Buchten gelegt werden. Nur ein abwechslungsreicher Uferverlauf gibt dem neuen Wasserlebensraum eine artenreiche Flachwasserzone. Jeder, der sich in der glücklichen Situation befindet, einen neuen Teich bauen zu können, sollte alles versuchen, einen – den geographischen Verhältnissen angepaßten – größtmöglichen Biotop entstehen zu lassen. In Anbetracht der bedenklichen Feuchtgebietsituation soll das Leitwort bei der Planung immer heißen: je größer um so besser.

Nicht zuletzt ist der späteren Wassertiefe Beachtung beizumessen, denn hiervon abhängig sind insbesondere eine natürliche Verlandung des Teiches und eine Vermehrung eventueller Seuchenerreger. Um den vorgenannten Gefahren entgegenzuwirken, muß der Teich im mittleren Bereich eine Tiefe von mindestens 2–3 Meter aufweisen. Gerade der Erreger des Botulismus (Clostridium botulinum) gedeiht besonders gut im anaeroben Milieu der warmen Flachgewässer. Nur eine ausreichende Tiefenregion sorgt in den heißen Sommermonaten für den nötigen Temperaturausgleich und vermindert gleichzeitig den bedrohlichen Sauerstoffverlust. Die Anbindemöglichkeit an einen Bach oder Quellabfluß wäre hier ein optimaler Schutz gegen Botulismus, aber in diesem Fall ist ein vorgelagerter Sandfang aus Gründen der Verlandung mit einzuplanen. Von großer Bedeutung ist weiterhin – bedingt durch die ovale Form der meisten Teiche – der Verlauf der beiden längeren Uferzonen. Sie sollten in Ost-West-Richtung zeigen, damit trotz der folgenden Bepflanzung noch genügend Licht und Sonne im Tagesverlauf einfallen können.

Der hohe Bewuchs an der Wetterseite bietet den Teichbewohnern mit seinen früchte- und beerentragenden Bäumen und Sträuchern nicht nur Schutz vor scharfen Nordwestwinden, sondern vor allem auch Nahrung in Form von Eicheln, Hagebutten, Wildobst und Erlensamen. Dagegen soll das südliche Ufer mit niedrigen Sträuchern und Schilfrohr bestockt werden, um die lebenswichtige Sonneneinstrahlung zu gewährleisten.

Der Ökologie- und Naturschutzwert des neugeschaffenen Feuchtgebiets steigt mit der Bestockung der für diesen Standort typischen Pflanzen, Bäume und Sträucher. Nicht nur im Ufersaum, sondern auch im Flachwasser-, Unterwasser- und Schwimmpflanzenbereich sind standortgerechte Arten einzubringen. Die gesamte Bepflanzung sorgt für den Gewässerschutz, für die Wasserreinhaltung und für die Deckung und Nahrung sämtlicher Tierarten dieses Biotops. Zum Beispiel Wasserpest, Flechtbinse oder Schilfrohr reinigen nicht nur das Wasser, indem sie Sauerstoff abgeben, sondern filtern auch unter anderem Öl, Colibakterien und Salmonellen aus dem Wasser heraus.

Die folgende Aufstellung zeigt einen Großteil der Pflanzen, die für den Feuchtgebietstandort in Betracht kommen. Sie sind den vier Bepflanzungszonen entsprechend zugeteilt.

Die botanische Bezeichnung muß bei der Bestellung der Pflanzen mitangegeben werden, weil manche Kataloge nur diese Bezeichnungen enthalten.

1. **Uferbepflanzung**

Großer Schwaden	(Glyceria maxima)
Gemeines Sumpfried	(Eleocharis palustris)
Brennessel	(Urtica dioica)
Korbweide	(Salix viminalis)
Ohrweide	(Salix aurita)
Roterle	(Alnus glutinosa)
Stieleiche	(Quercus pedunculata)
Brombeere	(Rubus fruticosus)
Hundsrose	(Rosa canina)
Apfelrose	(Rosa villosa)

2. **Flachwasserpflanzen**

Schilfrohr	(Pragmites communis)
Kalmus	(Acorus calamus)
Gemeine Teichsimse	(Schoenoplectus lacustris)
Blumenbinse	(Butomus umbellatus)
Steife Segge	(Carex elata)
Ufer-Segge	(Carex riparia)
Wasserdost	(Eupatorium)
Sumpfdotterblume	(Caltha palustris)
Tannenwedel	(Hippuris vulgaris)
Rohrkolben	(Typha latifolia)
Igelkolben	(Sparganium simplex)

3. **Schwimmblattpflanzen**

Weiße Seerose	(Nymphaea alba)
Gelbe Teichrose, Mummel	(Nuphar lutea)
Froschlöffel	(Alisma plantago)
Schwimmendes Laichkraut	(Potamogeton natans)
Kleines Laichkraut	(Potamogeton pussilus)
Bucklige Wasserlinse	(Lemmna gibba)
Froschbiß	(Hydrocharis morsus ranae)

4. **Unterwasserpflanzen**

Wasserpest	(Elodea canadensis)
Wasserhahnenfuß	(Ranunculus aquatilis)
Tausendblatt	(Myriophyllum verticillatum)
Hornkraut	(Ceratophyllum demersum)
Wasserfeder	(Hottonia palustris)
Wasserschlauch	(Utricularia vulgaris)

Die Abbildungen zeigen einige der Pflanzenarten, die für den ökologischen Wert des Teiches und für die Entenhege von besonderer Bedeutung sind.

Eine derartige Vielfalt und Dichte der Pflanzen ernährt jeden Bewohner dieses Biotops.

Für eine erfolgreiche Teichbepflanzung ist ein konstanter Wasserstand sehr wichtig, ca. 20 cm sind Maximal-Schwankungen, da die Pflanzengesellschaften der Feuchtgebiete an einem geringen Spielraum des Wasserstandes orientiert sind. Um dieser Notwendigkeit Rechnung zu tragen, muß beim Bau des Teiches ein Überlauf (Mönch) miteingeplant werden, den man aus Holz oder Beton selbst herstellen oder vom Fachhandel

So könnte das nördliche Ufer nach erfolgreicher Bepflanzung einmal aussehen: Weiden, Erlen und Schilf bieten Windschutz, Brutplätze und Nahrung.

beziehen kann. Bei der Erstellung des Bepflanzungsplanes empfiehlt es sich darauf zu achten, daß Flachwasser- und Unterwasserpflanzen durch wenige Arten geprägt sind, aber die Fähigkeit besitzen, durch lange Ausläufer bestandsbildend zu wirken. Diese natürliche Vermehrung muß beim Zusammenstellen der Pflanzenzahl und des Pflanzenverbandes berücksichtigt werden. Die Anzahl dieser Pflanzen sollte 5–6 Stück pro Quadratmeter nicht übersteigen, aber ihr Anteil gegenüber Begleitpflanzen etwa 90 % betragen.

Beispiel: 90 % bestandsbildende Arten wie Breitblättriger Rohrkolben, Schilfrohr, Sumpfbinse und Sumpfriet, plus 10 % Begleitpflanzen wie Kalmus, Schwertlilie und Froschlöffel. Schwimmpflanzen sind davon unabhängig einzuplanen.

Die beste Zeit zum Ausbringen der Wasserpflanzen liegt in den Monaten Mai–Juni, da um diese Jahreszeit die Pflanzen bei steigenden Wassertemperaturen in ihre wachstumstärkste Phase treten. Ein einfaches Pflanzverfahren ist die sogenannte Schlitzpflanzung. Man sticht den Spaten in den Grund und beim Zur-Seite-Hebeln und gleichzeitigem Herausziehen werden die Wurzelstöcke eingelegt und festgetreten.

Da Wasser- und Sumpfpflanzen nicht gerade billig zu haben sind, sollten sich Interessenten nach Absprache mit den Grundeigentümern zuerst im privaten Umfeld Pflanzmaterial beschaffen.

Beim Einbringen von Schwimmblattpflanzen, wie z. B. Seerosen, ist darauf zu achten, daß Triebe und Blätter über die Wasseroberfläche herausragen. Unterwasserpflanzen dagegen werden mit alten Schrauben oder Tonklumpen beschwert und auf den Grund abgesenkt. Kleine Pflanzenarten wie Froschbiß oder Wasserlinse bringt man am besten in kleinen Horsten aus und schützt sie vor frühzeitigem Fraß mit einem Ring aus Kükendraht. Es ist bestimmt nicht zu verhindern, daß in der ersten Zeit die neue Wasserfläche von Stockenten besucht wird, aber man sollte unbedingt vermeiden, daß die junge Pflanzung in den ersten 2–3 Entwicklungsjahren durch übermäßigen Entenbesatz gefährdet ist.

Schwimmpflanzen und Unterwasserpflanzen werden in windstille Buchten verbaut, um ein eventuelles Herausreißen durch starken Wellengang zu verhindern. Nach stürmischem Wetter sollte man aber trotzdem die Pflanzung kontrollieren und obenschwimmende Rhizomstücke (Wurzelstöcke mit Trieben) wieder im Grund verankern.

Für die Ringbepflanzung wählt man zweckmäßigerweise bei Hecken einen Pflanzabstand von 1,50 x 2,00 m und bei Baum-

Die Wurzelstöcke oder Rhizomstücke der Wasserpflanzen werden in die entstandene Schlammtasche gesteckt und anschließend festgetreten.

arten 2,00 x 2,50 m. Für den dornigen Außenring reicht jedoch ein geringerer Abstand von max. 1,00 x 1,00 m. Wichtig ist nur, daß Trockenschäden so schnell wie möglich im nächsten Herbst oder im Frühjahr nachgebessert werden, damit die Schutzpflanzung lückenlos emporwachsen kann. Am sinnvollsten verwendet man für den Außenring Hundsrose, Apfelrose, Brombeere, Weiß- und Schwarzdorn, wie es auch für Deckungsinseln und Niederwildremisen empfohlen wird, damit die Biotopgestaltung vor negativen Umwelteinflüssen einigermaßen bewahrt bleibt.

Abbildungen Seite 27

1 *Schwimmendes Laichkraut*
2 *Teichrose oder Mummel*
3 *Weiße Seerose*
4 *Froschlöffel und Wasserlinse*
5 *Wasserpest*
6 *Wasserschwertlilie*

1

4

2

5

3

6

27

Ausgestochene Wurzel mit einjährigem Trieb des gemeinen Schilfrohres (Pragmites communis) vor dem Einpflanzen.

Die schnellwüchsige Hundsrose (Rosa canina) erfüllt in wenigen Jahren eine deutlich sichtbare Schutzwirkung gegen negative Umwelteinflüsse.

Die abgebildete dichte Außenringbepflanzung sollte mit den Wildrosenarten im engen Pflanzverband 1 x 1 m vorgenommen werden.

Pflanzabschnitt eines neuangelegten Teiches mit nur wenigen bestandsbildenden Pflanzen pro m^2, aber im Verhältnis 1 zu 6 gegenüber Begleitpflanzen.

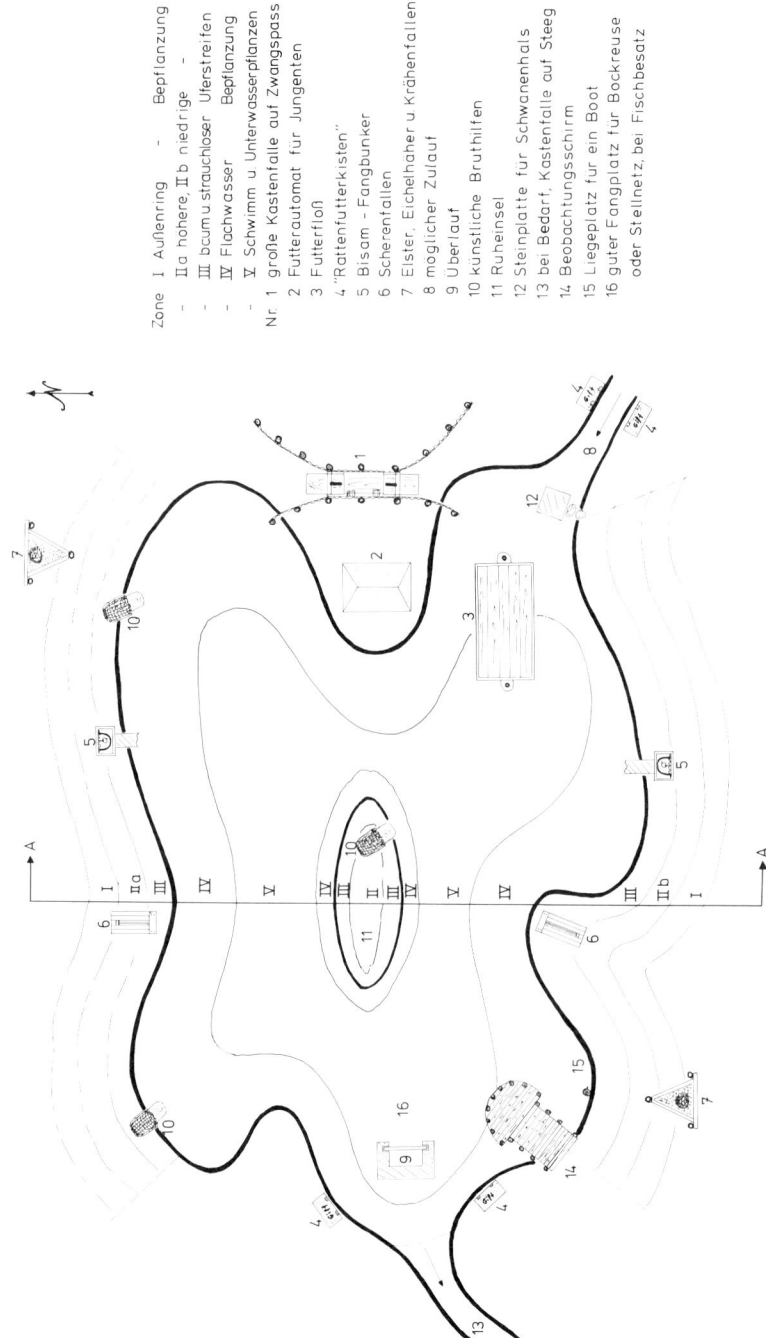

Zone I Außenring — Bepflanzung
- IIa höhere, IIb niedrige —
- III baum u strauchloser Uferstreifen
- IV Flachwasser Bepflanzung
- V Schwimm u Unterwasserpflanzen

Nr. 1 große Kastenfalle auf Zwangspass
2 Futterautomat für Jungenten
3 Futterfloß
4 "Rattenfutterkisten"
5 Bisam - Fangbunker
6 Scherenfallen
7 Elster, Eichelhäher u Krähenfallen
8 möglicher Zulauf
9 Überlauf
10 künstliche Bruthilfen
11 Ruheinsel
12 Steinplatte für Schwanenhals
13 bei Bedarf, Kastenfalle auf Steeg
14 Beobachtungsschirm
15 Liegeplatz für ein Boot
16 guter Fangplatz für Bockreuse oder Stellnetz, bei Fischbesatz

Schnitt A - A

I	IIb	III	IV		V		IV	III	III	IV		V		IV	III	IIa	I
2,5	2,5	3	mind. 4 mtr.		?		2	?	?	2		?		4 mtr.	3	2,5	2,5

17 Ringgraben
III baum- u. strauchloser Uferstreifen
IV Flachwasser - Bepflanzung
V Schwimmblatt u. Unterwasserpflanzen
IIa nordwestliche, höhere Ufer - Bepflanzung
I Außenring - Bepflanzung
IIb südöstliche, niedrige Ufer - Bepflanzung

Die Zeichnungen sollen als Beispiel das Schema eines neuen Entenbiotops mit seinen Hegeeinrichtungen verdeutlichen.

Erklärung zum Teichmodell

Zone 1: Außenring-Schutzpflanzung, für die gesamte Anlage rundherum mit Apfelrose, Hundsrose, Weißdorn, Schwarzdorn und Brombeere.

Zone 2: a) Uferstreifen nach Nord und Nordwest mit hohem Bewuchs wie Stieleiche, Roterle, Weißweide und Korbweide, der sich bei genügend Humus von selbst mit Brennesseln unterbaut.
b) Nach Süden und Südosten niedrige Bepflanzung mit Strauchweide, Ohrweide, Aschweide und Hartriegel.

Zone 3: Baum- und strauchloser Uferstreifen mit Seggen, Rohrglanzgras und Schwaden bepflanzt; es genügt auch, wenn man einfach das Gras wachsen läßt.

Zone 4: Flachwasserbereich, breiter Schilfgürtel begleitet von Kalmus, Rohrkolben, Simsen und Schwertlilie, sollte mind. 4 m breit sein.

Zone 5: Schwimmblatt- und Unterwasserpflanzen. Schwimmblattpflanzen in windstille Buchten oder direkt hinter dem Schilfgürtel verbauen mit Teichrose, Froschbiß, Pfeilkraut und Wasserlinse.
Unterwasserpflanzen im unteren Bereich der Uferböschung mit Wasserpest (wuchert sehr stark), Hornkraut, Tausendblatt und Wasserfeder.

Nr. 1: Die große Kastenfalle (Maße 1,35 x 0,40 x 0,45 m) auf einem Zwangspaß sichert besonders gut die Halbinsel mit dem ständig beschickten Futterautomaten in der Aufzuchtzeit. Die Kastenfalle kann das ganze Jahr über verwendet werden, muß allerdings täglich kontrolliert werden. Der gleiche Platz läßt sich aber auch vom 16. 10.–28. 2. mit einer Scherenfalle absichern, aber nach meinen Erfahrungen hat sich die Kastenfalle am besten bewährt.

Nr. 2: Der Futterautomat ist deshalb notwendig, weil alle Industriefuttervarianten nur in überdachten, wasserdichten Automaten verabreicht werden können. Dem Industriefutter ist während der Aufzucht aus Gründen der Vollwertigkeit in jedem Fall der Vorzug zu geben.

Nr. 3: Das Futterfloß eignet sich am besten für Getreide ab Anfang September, wenn der Fertigfutterautomat nicht mehr beschickt wird. Druschabfall ist nur bedingt geeignet, weil die nicht verwertbaren Teile auf den Grund sinken, hier langsam verrotten und in kleineren Teichen wertvollen Sauerstoff verbrauchen. Das Futterfloß wird – wenn möglich – vor Wintereinbruch in dem nicht zufrierenden Bereich des Einlaufes verankert.

Nr. 4: Ohne die Rattenfutterkiste ist die Stockentenhege an den Binnengewässern praktisch undenkbar. Jeder Jäger weiß, welchen Schaden die Wander- und Hausratten an Gelegen und Jungwild aller Bodenbrüter anrichten.

Nr. 5: Der Bisam ist für die Enten zwar nur ein indirekter Feind, er muß aber trotzdem überall, wo er vorkommt, bejagt werden. Zu diesem Zweck werden die Kunstbaue, die gegenüber frei aufgestellten Fallen den Vorzug haben, da sich nur der Bisam oder die Schermaus darin fängt, im Ufer eingebaut. Die Einlaufröhre soll etwa 10 cm unter der Wasseroberfläche einmünden.

Nr. 6: Einige Scherenfallen sollten – je nach Größe des Gewässers – in den Uferhecken eingebaut werden. Entweder wartet man, bis die Deckung hoch genug gewachsen ist, oder man fertigt aus Maschendraht und trockenem Gras Verblendmatten an.

Nr. 7: Mit der auf kurze Beine gestellten Dreiecksfalle aus Rundhölzern und Kükendraht mit simuliertem Gelege habe ich besonders gute Erfolge beim Rabenvogelfang erzielt.
Diese Falle ist allerdings nur bei erteilter Ausnahmegenehmigung einzusetzen!

Nr. 8: Am optimalsten läßt sich ein neues Feuchtgebiet gestalten, wenn es von einem nahegelegenen Bach oder einer Quelle versorgt wird. Somit ist eine drastische Wasserabsenkung weitgehend ausgeschaltet.

Nr. 9: Ein Überlauf (Mönch) muß auf jeden Fall eingebaut werden, da auch stehende Gewässer, die Grund- und Oberflächenwasser führen, bei starken Regenfällen über die Ufer treten und an der Neupflanzung empfindliche Schäden anrichten können.

Nr. 10: Künstliche Bruthilfen werden von den Stockenten gerade an deckungsarmen Teichen gerne angenommen. Sie sollten im zeitigen Frühjahr – etwa Ende Februar – aufgestellt sein.

Nr. 11: Eine oder mehrere Inseln sind für das Wasserwild besonders wertvoll. Sie werden bevorzugt während der Tagesruhe von den Stockenten aufgesucht. Grasbülten, niedrige Sträucher und Seggen sind hier die richtige Bepflanzung.

Nr. 12: Eine Steinplatte mit Trittsteinen im nicht zufrierenden Bereich des Einlaufes eignet sich sehr gut für den Fuchsfang mit dem Schwanenhals.

Nr. 13: Auf den Stegen des Zu- und Abflusses lassen sich sehr gut Kastenfallen aufstellen, vorausgesetzt, sie werden an den Überlaufbohlen so verschraubt, daß sie vor Diebstahl gesichert sind.

Nr. 14: Wer sich die Mühe macht, ein neues Gewässer mit all den Bepflanzungen und Hegeeinrichtungen zu erstellen, sollte auch in einer stillen Bucht für einen Beobachtungsschirm sorgen. Ein Ansitz am Wasser ist mit Sicherheit genauso reizvoll wie im Hochwald, denn wo Wasser ist, ist bekanntlich auch Leben. Außerdem will man bestimmt beobachten, wie alles wächst und gedeiht und was sich sonst noch alles an neuem Leben einstellt. Ratsam ist allerdings schon bei der Bepflanzung daran zu denken, daß der Schirm nur bei guter Deckung, ohne den Biotop zu stören, erreichbar sein muß.

Nr. 15: Ohne Boot oder Kahn sind die Hege- und Pflegearbeiten an einem Gewässer ab der Größe von 10.000 qm (1 ha) nicht möglich. Das Kontrollieren und Reinigen der künstlichen Bruthilfen oder der Pflegeschnitt eines zu stark wuchernden Flachwasserbestandes sind – je nach Tiefe des Gewässers – ohne Boot, Kahn oder wenigstens Teichhose undenkbar. Die vorgenannten Arbeiten sind leider nicht möglich, ohne das Leben am Wasser zu stören. Aus diesem Grund ist es besser, wenn die Störung immer von der gleichen Stelle ausgeht, damit sich das Wasserwild darauf einstellen und gewöhnen kann.

Nr. 16: Der Teich einer entsprechenden Größe kann und soll natürlich auch mit den geeigneten Fischarten besetzt werden, so daß eine extensive Nutzung des Bestandes denkbar ist. Der Besatz mit Karpfen, Schleien und Karauschen läßt sich mit der Stockentenhege gut vereinbaren. Aber jeder Nutzungsgedanke sollte hinter dem des Naturschutzes stehen.

Nr. 17: Wer die Möglichkeit hat, das neue Feuchtgebiet mit einem Ringgraben zu schützen, der sorgt damit vor allem dafür, daß Unbefugte und Zufallsbesucher die breite Flachwasserzone nicht betreten können.

Nr. 18: Der Hecht wurde in der Zeichnung dargestellt, weil durch ihn manchmal unerklärliche Verluste entstehen. Es gibt Berichte über systematische Magenuntersuchungen, die einen verschwindend geringen Anteil von Wassergeflügel aufweisen. Doch die Mageninhalte der reihenweise gefangenen Hechte können nicht repräsentativ sein, denn nur die größten

Einbauanleitung für den Mönch

Der Mönch kann entweder in einem Guß aus Beton oder aus Fertigelementen hergestellt werden.

Eisenarmierung bei Betonguß

Fundament

Profil

40

60

10-12

Seitenansicht

Uferböschung

Abfluß

Fundament

Wasserspiegel
Laubsieb
Staubretter
Teichsohle

Exemplare haben sich auf den Raub von Warmblütern wie Enten und Teichhühnern spezialisiert. Und der Fang solcher Spezialisten gelingt in der Regel nur Profianglern, die auch stichhaltige Beweise über den Hecht als Wasserwildräuber liefern können.

Selbstverständlich lassen sich auch an langsam fließenden Bächen und Flüssen umfangreiche Maßnahmen für die Stockentenhege treffen. Z. B. besteht oft die Möglichkeit, Bachläufe anzustauen oder Biegungen und Schleifen mit Spaten oder Bagger zu verbreitern, damit mehr ruhig fließende, größere Wasserflächen entstehen. In der Nähe von Wiesbaden, in einem kleinen 90 ha großen Eigenjagdbezirk, staute ich den Bach an einer günstigen Stelle so, daß eine 16 qm große Wasserfläche entstand. Im ersten Jahr der Hege konnten hier an zwei Jagdabenden insgesamt 32 Stockenten, davon 19 Erpel, geschossen werden. Und das in einem Revier, in dem vorher noch nie Enten zur Strecke kamen. Aber auch hier stand im Vordergrund – wie an anderen Teichen und Seen –, daß das Feuchtgebiet nicht ständig frequentiert und somit gestört wurde. Bei derartigen Revierverhältnissen, bei denen nur Kleingewässer oder kurze Bachabschnitte zur Verfügung stehen, kann schon mit wenigen künstlichen Bruthilfen, Rattenfutterkisten, einem Futterfloß und dem Einsatz einiger Fallen für die Hege der Enten und der daraus resultierenden jagdlichen Nutzung eine Menge getan werden. Der Einsatz der Rattengiftkisten, in erster Linie an Bächen und kleinen Flüssen, die Ortschaften durchfließen, oder in die die Abwässer von Gehöften und Kläranlagen eingeleitet werden, ist als besonders wichtig anzusehen. In Revieren mit relativ wenig Wasser muß der gute Wille auch nicht gleich in Intensivhege ausarten, es geht im Prinzip nur darum, daß für die Erhaltung der Art etwas getan wird, um später mit gutem Gewissen ernten zu können.

An den Gewässern, die durch Bodennutzung entstanden sind (Kies und Sand), geht es hauptsächlich um die Wiederherstellung einer wachstumsfördernden Bodenschicht und dann um Nährstoffeinbringung direkt ins Wasser. Z. B. mit Kuhmist oder Humus. Die nötige Mutterbodenschicht läßt sich – wenn auch nicht immer leicht zu haben – mit einigen LKW-Fuhren wenigstens im Uferbereich wiederherstellen, damit eine entsprechende Bepflanzung erfolgen kann. Wird die Beschaffung des Mutterbodens zu einem Problem, sind mit weniger nährstoffreichen Böden und eingearbeitetem Mist zufriedenstellende Ergebnisse zu erzielen. Wird ohnehin für die Bodenverbesserung Kuhmist angefahren – den es trotz schwindender Viehbestände in den Dörfern immer noch gibt –, dann lassen sich mit einigen Schubkarren dieser phosphorreichen Exkremente – je nach Größe der Teiche – Pflanzennährstoffe in das Wasser einbringen.

Zum Schluß dieses Kapitels möchte ich noch darauf hinweisen, daß der Höckerschwan und der Bisam als Vegetarier für jedes neubepflanzte Gewässer eine Gefahr darstellen und wegen ihrer pflanzenfressenden Ernährungsweise in den Anfangsjahren unbedingt fernzuhalten sind.

Bevor man mit dem eigentlichen Teichbau beginnt, sind einige gesetzliche Bestimmungen zu beachten, damit die legale Verwirklichung des Projekts gesichert ist.

Für die Genehmigung des Bauvorhabens ist die Kreisverwaltung oder Bezirksregierung zuständig, und für Beratungen und Prüfungen der Durchführbarkeit des Natureingriffs die folgenden Ämter in den jeweiligen Bundesländern:

Baden-Württemberg
Landesamt für Umweltschutz Baden-Württemberg, Institut für Ökologie und Naturschutz, Postfach 211 310, 7500 Karlsruhe 21

Berlin
Landesbeauftragter für Naturschutz und Landschaftspflege in Berlin, Schmitt-Ott-Straße, 1000 Berlin 41

Bayern
Bayerisches Landesamt für Umweltschutz, Rosenkavalierplatz 2, 8000 München 21

Bremen
Senator für Gesundheit und Umweltschutz der Freien Hansestadt Bremen, Oberste Naturschutzbehörde, Birkenweg 34, 2800 Bremen 1

Hamburg
Behörde für Bezirksangelegenheiten, Naturschutz und Umweltgestaltung, Naturschutzamt der Hansestadt Hamburg, Steindamm 22, 2000 Hamburg 1

Hessen
Hessische Landesanstalt für Umwelt, Aarstraße 1, 6200 Wiesbaden

Niedersachsen
Fachbehörde für Naturschutz, Postfach 107, 3000 Hannover 1

Nordrhein-Westfalen
Landesanstalt für Ökologie, Landschaftsentwicklung und Forstplanung Nordrhein-Westfalen, Leibnizstraße 10, 4350 Recklinghausen

Rheinland-Pfalz
Landesamt für Umweltschutz Rheinland-Pfalz, Amtsgerichtsplatz 1, 6504 Oppenheim

Saarland
Landesamt für Umweltschutz des Saarlandes, Hellwigstraße 14, 6600 Saarbrücken

Schleswig-Holstein
Landesamt für Naturschutz und Landschaftspflege Schleswig-Holstein, Hansaring 1, 2300 Kiel-Wellensee

Rechtliches

Die Förderungsmöglichkeit ist z. B. in Rheinland-Pfalz in der Verwaltungsvorschrift über die „Gewährung von Finanzhilfen des Landes für landespflegerische Maßnahmen" zu finden. Da heißt es unter 2. 3.2:

1.) Förderungswürdig sind Maßnahmen für Aufwendungen zur Anlage von Wasserflächen, einschließlich der Gestaltung ihrer Uferbereiche. Wasserflächen über 2 ha Größe bedürfen der Zustimmung des Ministeriums für Soziales, Gesundheit und Umwelt.

2.) Jeder Eingriff in den Gesamtwasserhaushalt bedarf der Zustimmung der zuständigen Wasserbehörde, in der Regel der oberen Wasserbehörde, da es sich bei der Anlage von Teichen um Wasserspeicher handelt.

3.) Der Antrag für die Baugenehmigung der Teichanlage muß bei der zuständigen Kreisverwaltung oder Bezirksregierung gestellt werden.

Die Pflanzabstände zu benachbarten Grundstücken sind im Nachbarrechtsgesetz festgelegt und werden wie folgt (in Rheinland-Pfalz) vorgeschrieben:

§ 44
Grenzabstände für Bäume, Sträucher und einzelne Rebstöcke

Eigentümer und Nutzungsberechtigte eines Grundstücks haben mit Bäumen, Sträuchern und einzelnen Rebstöcken von den Nachbargrundstücken – vorbehaltlich des § 46 – folgende Abstände einzuhalten:

1. mit Bäumen (ausgenommen Obstbäume), und zwar

    a) sehr stark wachsenden Bäumen mit artgemäß ähnlicher Ausdehnung wie Bergahorn, Sommerlinde, Pappelarten, Platane, Roßkastanie, Stieleiche, Douglasfichte, Fichte, österreichische Schwarzkiefer, Atlaszeder 4 m

    b) stark wachsenden Bäumen mit artgemäß ähnlicher Ausdehnung wie Hainbuche, Vogelbeere, Weißbirke, Zierkirsche, Kiefer, Lebensbaum 2 m

    c) allen übrigen Bäumen 1,5 m

§ 45
Grenzabstände für Hecken

(1) Der Eigentümer und der Nutzungsberechtigte eines Grundstücks haben mit Hecken gegenüber den Nachbargrundstücken – vorbehaltlich des § 46 – folgende Abstände einzuhalten:

1. mit Hecken über 1,5 m Höhe   0,75 m
2. mit Hecken bis zu 1,5 m Höhe   0,50 m
3. mit Hecken bis zu 1,0 m Höhe   0,25 m

(2) Hecken im Sinne des Absatzes 1 sind Schnitt- und Formhecken, und zwar auch dann, wenn sie im Einzelfall nicht geschnitten werden.

§ 46
Ausnahmen

(1) Die doppelten Abstände nach den §§ 44 und 45, in den Fällen des § 44 Nr. 1 a
    jedoch die 1 1/2fachen Abstände mit Ausnahme der Abstände für die Pappelarten,
sind einzuhalten gegenüber Grundstücken, die entweder dem Weinbau dienen oder erwerbsgärtnerisch, landwirtschaftlich oder kleingärtnerisch genutzt werden.

Der Brutbiotop

Für die Brut und Aufzucht ihrer Jungen bevorzugen die Stockenten kleinere, eutrophe (nährstoffreiche), deckungsreiche Flachgewässer mit viel Licht und Sonne, so daß Teiche, Weiher und Seen oder langsam fließende Bachläufe mit einer maximalen Tiefe von 2–3 m und einer Flachwasserzone mit niedrigem, üppigem Uferbestand ab Ende März mit Vorliebe aufgesucht werden.

Dagegen werden tiefe, kalte, dunkle und schnellfließende Gewässer mit einem hohen Uferbestand rundum aus Fichten oder Pappeln, bei denen die Sonne während des Tageslaufes die Wasserfläche kaum bescheint, in der Regel gemieden.

In den umliegenden Regionen findet man klassische Entenbiotope heute nur noch in Holland, Schleswig-Holstein, Mecklenburg und vereinzelt noch in Bayern. Der gesamte mitteldeutsche Raum hat – mit Ausnahme der Flußläufe – kaum etwas an bedeutendem Wasserwildlebensraum zu bieten.

Die Übersichtskarte zeigt, wie schlecht gerade Mitteldeutschland mit Feuchtgebieten bestückt ist.

Halten wir uns doch die gegenwärtige Situation auf den Flüssen vor Augen. Binnenschiffahrt, massenhaft Hobbykapitäne, neuzeitliche Naturentdecker mit Überlebensdolch und Holzkohlengrill, unzählige Paddelboot-, Kanufahrer und Surfer – wieviel ruhige Ufer- und Inselzonen bleiben da noch als Brutbiotop für das Wasserwild übrig? Und wenn wir bedenken, daß Industrie, Landwirtschaft und Binnenschiffahrt – von den kleinen Umweltsünden ganz zu schweigen – weiterhin Gift und Chemikalien in

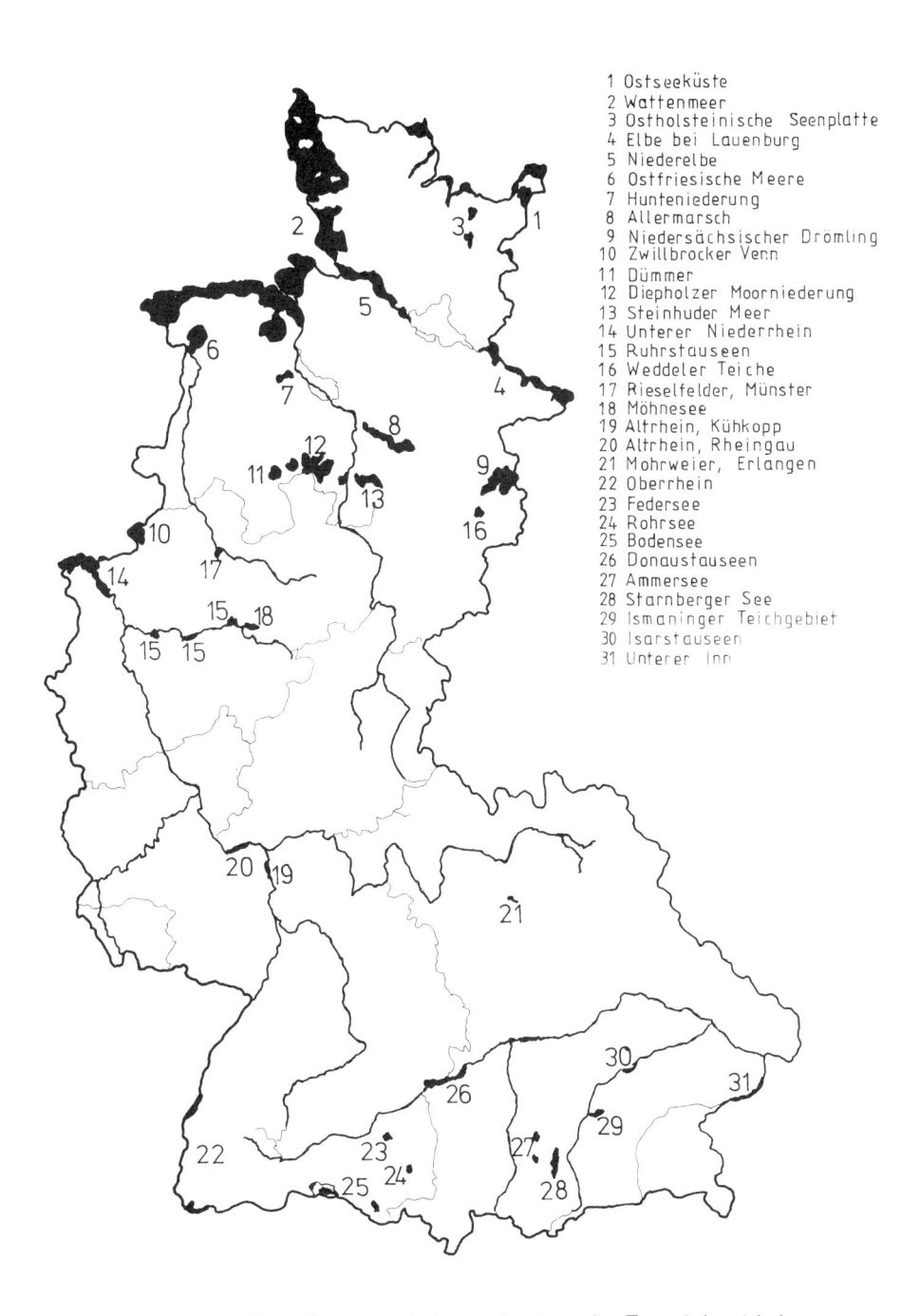

1 Ostseeküste
2 Wattenmeer
3 Ostholsteinische Seenplatte
4 Elbe bei Lauenburg
5 Niederelbe
6 Ostfriesische Meere
7 Hunteniederung
8 Allermarsch
9 Niedersächsischer Dömling
10 Zwillbrocker Venn
11 Dümmer
12 Diepholzer Moorniederung
13 Steinhuder Meer
14 Unterer Niederrhein
15 Ruhrstauseen
16 Weddeler Teiche
17 Rieselfelder, Münster
18 Möhnesee
19 Altrhein, Kühkopp
20 Altrhein, Rheingau
21 Mohrweier, Erlangen
22 Oberrhein
23 Federsee
24 Rohrsee
25 Bodensee
26 Donaustauseen
27 Ammersee
28 Starnberger See
29 Ismaninger Teichgebiet
30 Isarstauseen
31 Unterer Inn

für Wasserwild bedeutende Feuchtgebiete in der BRD

Entengelege im Altgras der Bachufer, vornehmlich in den Monaten März, April, werden nicht selten Opfer pyromanisch veranlagter Umweltsünder.

Grund- und Fließwässer ablassen, dann wird unwillkürlich die Frage nach dem Überleben des Wasserwildes und Gestaltung neuer Brutgebiete immer dringlicher!

Aber zurück zum eigentlichen Thema. Es ist erstaunlich, wie einfallsreich oder gar dreist die Stockenten bei der Auswahl ihres Brutplatzes vorgehen. Die unmittelbare Wassernähe scheint dabei nicht immer die entscheidende Rolle zu spielen. Denn hin und wieder kommt es vor, daß Gelege 100 m und mehr vom nächsten Wasser entfernt angelegt werden. Brütende Enten auf einem Berliner Hochhausbalkon, im Regal eines Warenhauses oder in luftiger Höhe eines alten Bussardhorstes sind schon beobachtet worden. Aber trotz solcher Ausnahmen werden in der Regel Brutplätze in Wassernähe bevorzugt, wenn nur ausreichend Deckung vorhanden ist.

Enten brauchen wie alle anderen Wildarten Deckung und Ruhe.

Ein nicht ausrottbares Übel – nicht nur für die Entenhege – ist das alljährliche, im zeitigen Frühjahr einsetzende Abbrennen und Absengen der noch verbliebenen Altgrasbestände an Gräben, Bachläufen und Teichufern. Den Verursachern solcher gravierenden Umweltschädigung, die aus dem Motiv heraus – ein paar Wildkrautsamen und Wurzelausläufer benachbarter Brachflächen könnten die ohnehin subventionierten Erträge schmälern – gleich alles in Brand stecken, sollte man wenigstens die Naturschutzgesetze des Bundes und der Länder ins Haus schicken. Wie wollen wir mit der Umwelterhaltung vorankommen, wenn Naturschutz- und Landschaftspflegegesetze von sogenannten schwarzen Schafen weiterhin so gedankenlos mißachtet werden. Wie gerne solche Altgrasbestände z. B. an Bachläufen von den Stockenten zum Anlegen eines Brutplatzes genutzt werden, beweisen regelmäßige Gelegefunde.

Etwa ab Mitte März kann man beobachten, wie Entenpaare gemeinsam – vornehmlich in den Morgen- und Abendstunden – in niedrigem Suchflug die Gewässer nach einem geeigneten Brutplatz absuchen. Eine leichte Anflugmöglichkeit, Rundumsicht für die brütende Ente, gute Deckung, möglichst viel Sonneneinstrahlung und nicht zuletzt Ruhe im Ufer- oder Inselbereich sind entscheidend bei der Auswahl des richtigen Platzes. Nach meinen Beobachtungen war außerdem eindeutig festzustellen, daß an Gewässern mit guter Notzeitfütterung und schonender Bejagung mehr Enten zur Brut schritten als vergleichsweise an Teichen, die man ohne Hegemaßnahmen völlig sich selbst überließ. Durch diese Beobachtung wird die alte verständliche Tatsache bestätigt, daß Brutbiotope mit reichlichem Nahrungsangebot auf jeden Fall bevorzugt werden, auch wenn dieses Nahrungsangebot nicht ausschließlich allein der Lebensraum hervorbringt, sondern manchmal aus dem Futtersack des Jägers stammt. Als Patentrezept für Wohlbefinden und Vermehrungsfreudigkeit der Stockenten können – genau wie bei anderen Wildarten auch – die drei besonders auf die heutige Naturübernutzung bezogenen Begriffe empfohlen werden: Ausreichend Nahrung, Deckung und Ruhe.

Durch das Bundesnaturschutzgesetz § 22 (2) Satz 3 ist es verboten, Tiere, die vom Aussterben bedroht sind, an ihren Nist-, Brut-, Wohn- oder Zufluchtstätten durch Aufsuchen, Fotografieren, Filmen oder ähnliche Handlungen zu stören. Auch wenn die Enten noch nicht vom Aussterben bedroht sind, so teilen sie mit den Tierarten auf der „Roten Liste" den so selten gewordenen natürlichen Lebensraum „Feuchtgebiet". Wenn die zuständigen Behörden die für die Naturerhaltung so wichtigen Paragraphen und Vorschriften durch Öffentlichkeitsarbeit näher an die Bevölkerung herantragen würden, kämen wir beim Arten- und Feuchtgebietschutz sicherlich einen entscheidenden Schritt weiter.

Wie ernst die Einhaltung solcher Gesetze genommen wird, weiß jeder, der öfter die Gelegenheit hat, draußen in der Natur zu sein. Werden von kompetenten Personenkreisen – „um des Friedens willen" – lieber Scheuklappen aufgesetzt statt ein Umweltvergehen zur Anzeige gebracht, wird es dem erwachenden Umweltbewußtsein sehr wenig nützen, denn bei jedem „Wegsehen" wird praktisch ein passiver Beitrag zum Umweltmord geleistet. Natur- und Artenschutz muß vor die menschliche Erholungsfunktion in der Natur gestellt werden, damit äußerst vorrangige Gesetze nicht nur auf dem Papier stehen bleiben und die letzten natürlichen Brutgebiete des Wasserwildes auch noch unwiederbringlich verlorengehen. Sogar in Naturschutzgebieten werden alle Mitbewohner der Feuchtgebiete meist durch Wochenend- und Freizeitgestaltung erheblich gestört. Nur durch ihre sprichwörtliche Anpassungsfähigkeit finden die Stockenten trotz der anhaltenden Einengung wichtiger Brutgebiete immer noch Gelegenheit, Brut und Aufzucht ihrer Jungen zu überstehen. Man kann immer wieder beobachten, daß künstliche Bruthilfen oftmals reihenweise aufgestellt werden, um möglichst viele Enten zur Brut zu veranlassen. Durch individuelle Hegemaßnahmen kann zwar ein Brutbiotop attraktiv gestaltet werden, von Massenzuchtversuchen und einseitigen Nutzungsansprüchen müssen wir allerdings Abstand nehmen.

Heute kann man davon ausgehen, daß niemand, der Stockenten auf einem Gewässer schwimmen sieht und nicht gerade auffällige Farbvariationen feststellt, genau weiß, ob es sich um wildfarbene Hochbrut- oder wilde Stockenten handelt. Aber letztere stellen an ihr Brutterritorium im Gegensatz zur Hochbrutflugente einen gewissen Größenanspruch, der von 0,05 bis einige ha variieren kann. Aber entscheidend für die Brutdichte ist sicherlich die Deckung am Wasser und das zur Verfügung stehende Nahrungsangebot. Bestimmt ist einigen Beobachtern schon aufgefallen, daß kleine Tümpel und Teiche, die nicht bewirtschaftet werden und etwas abseits liegen, Ende März bis Anfang April immer nur von einem Stockentenpaar genutzt werden. Das kann einmal daran liegen, daß nur eine gewisse Größe der Flachwasserzone auch das entsprechende Nahrungsangebot für die Jungenten liefert und zum anderen, daß der Erpel, der mit seiner angepaarten Ente einen Brutplatz gefunden hat, jedes andere Entenpaar, das die nötige Distanz unterschreitet, ziemlich rabiat vertreibt.

Ein Dreiergespann, das im Frühjahr am Wasser oft mehrere hundert Meter weit beobachtet werden kann, hat eigentlich mit dem sogenannten "Reihen", wie so oft behauptet wird, nichts zu

Gut verstecktes Stockentengelege im schützenden Brennesselwald zur vegetationsarmen Zeit im Vorfrühling, Anfang April.

tun. Die Dreierflugformation ist höchstwahrscheinlich die Folge des Vertreibens aus einem besetzten Brutbiotop. Es ist anzunehmen, daß auch Stockenten ihren Brutplatz gegenüber Artgenossen verteidigen. Als eine sehr positive Gestaltungsmaßnahme im Brutbiotop ist die Pflege und Erhaltung von Brennesselbeständen in Ufernähe anzusehen. Diese hervorragende und schnellwüchsige Deckungspflanze ist überall dort, wo der Boden mit etwas Humus bedeckt ist, anzutreffen.

Im dichten Bestand der Brennessel findet die Mutterente nicht nur Sichtschutz für sich und ihr Gelege, sondern auch Schutz vor Freßfeinden und unbefugten Eiersammlern. Auch für neu angelegte Teiche ist die Gründung eines Brennesselbestandes kein Problem. Entweder wird der Samen draußen entnommen, oder man pflanzt Wurzelstöcke, die leicht auszugraben sind, einfach um. Im natürlichen Feuchtbiotop gehört die große Brennessel (Urtica dioica) zu den schützenswürdigen Pflanzen.

Künstliche Bruthilfen

Eine wichtige Hegemaßnahme im zeitigen Frühjahr ist neben der kontinuierlichen Fütterung das Aufstellen künstlicher Bruthilfen. Sie sollen spätestens bis Ende Februar an den geeigneten Plätzen bereit stehen. Denn die ersten Stockentengelege gibt es schon 4 Wochen später, etwa Ende März. Diese Arbeit wird um so notwendiger, wenn es sich um neu angelegte oder deckungsarme Gewässer handelt. Als geeigneter Platz ist immer der anzusehen, an dem die Ente am wenigsten gestört wird, gedeckt sitzt, genug Sicht hat, vor Feinden geschützt ist, aber für Kontrolle und Reinigung vom Heger erreicht werden kann. Dieser Platz liegt meistens in einer stillen Bucht oder Schleife eines Bachlaufes, die zum Wasser hin in Richtung Südosten zeigt. Besonders bieten sich Uferzonen mit einzelnen Bäumen an, deren Äste über das Wasser hängen. Dort lassen sich gut Brutkörbe anbringen, ohne daß gleich die Flachwasserzone der meistens ohnehin geringen Gesamtwasserfläche mit Entenhäuschen möbliert wird. Sicher lassen sich am oder in der Nähe von Wasser Bruthilfen in x-beliebigen Variationen aufstellen, aber extreme Möglichkeiten werden hier erst gar nicht besprochen, da bei einer vernünftigen Hege jede Einrichtung vom Betreuer doch am besten vom Wasser aus zu erreichen sein sollte. Was der Heger mit Gummistiefeln erreichen kann, fällt auch jedem Unbefugten nicht schwer.

Je weiter die Vegetation fortgeschritten ist, um so geringer wird bei den Enten die Annahmefreudigkeit für künstliche Bruthilfen. In den ersten Gelegen im März kommen die meisten Eier vor. Man kann davon ausgehen, daß in den frühen Gelegen Anfang März 9–14 Eier, dann in der Hauptlegezeit April bis Mai 8–12, und bei Nachgelegen nur noch 4–8 Stück im Nest liegen.

Die hohe Eierzahl der Frühbruten wird aber leider durch die hohe Sterblichkeitsrate (Mortalität) der Küken, bedingt durch die naßkalte Witterung im April, meistens wieder ausgeglichen. Sterblichkeitsraten von 70 % witterungsbedingt und bis zu 100 % bei zusätzlichem Feinddruck sind keine Seltenheit. Es scheint also nicht sehr sinnvoll zu sein, viele Bruthilfen anzubieten. Wenige reichen schon aus, denn die natürliche Deckung Ende April bis Anfang Mai wird von den Stockenten lieber angenommen. Und darüber hinaus haben die Küken in der wärmeren Spätfrühlingszeit bessere Überlebenschancen.

Nun könnte man der Meinung sein, das frühzeitige Aufstellen der Bruthilfen sei nicht sehr sinnvoll. Aber es gibt nun mal sehr früh brütende Stockenten und gerade denen sollten wir in der deckungsarmen Zeit mit einer künstlichen Bruthilfe unter die Schwingen greifen. Außerdem hat die Neigung zu frühen Bruten den Vorteil, daß sich die Nahrung bei fortschreitendem Angebot auf die einzelnen Jungschofe besser verteilt und mehrere gleichzeitig führende Mutterenten nicht zu Nahrungskonkurrenten werden.

Eine ganze Reihe von künstlichen Bruthilfen findet bei der Entenhege heutzutage Verwendung. Die Palette reicht von ausgedienten Milchkannen und Obstkisten über zusammengezimmerte Häuschen bis hin zu Styroporhöhlen und den wirklich empfehlenswerten Weidenkörben. Letztere haben zwar den Nachteil, daß sie nur 3–4 Jahre halten, aber der Brutplatz ist einem natürlichen, am Boden befindlichen Platz eher entsprechend als ein wasserdichtes Häuschen. Wirklich geeignet sind nach meinen Erkenntnissen nur solche Bruthilfen, die nach allen Seiten und nach oben soviel Schlitze oder Löcher aufweisen, daß die Mutterente genug Rundumsicht hat, Regenwasser durchsickern kann und die Luft im Innenraum ausreichend zirkuliert. Andere Bruthilfen, z. B. alte Milchkannen oder mit Pappe benagelte Häuschen mit nur einer Einlauföffnung, sind nicht nur ungeeignet, sie sind sogar unsachgemäße Hege. Wobei zu betonen ist, daß sich Bruthäuschen auch mit Seh- und Belüftungsschlitzen auf einem Schloß- oder Stadtparkteich ganz gut ausnehmen, draußen im Revier aber nicht ins Landschaftsbild eines verschwiegenen Feuchtgebietes hineinpassen.

Wenn wir bedenken, unter welchen Voraussetzungen und vor allem Witterungseinflüssen die wilde Stockente in einem Naturnest ihre Lege- und Brutphase übersteht, müssen wir zugeben, daß das vielverwendete Entenhäuschen als Brutplatzersatz nicht dem natürlichen Brutablauf einer Stockente entspricht. Sicher werden diese als Nestplatz gerne angenommen. Die Ente sitzt schön trocken und warm. Aber bringt dieser – aus menschlicher Sicht gutgemeinte – Komfort auch den erwünschten Bruterfolg? Wir können mit Sicherheit davon ausgehen, daß die Erfolgsquote um so höher liegt, je mehr es gelingt, mit der künstlichen Bruthilfe einen möglichst natürlichen Brutplatz nachzuempfinden.

In einem guten Entenrevier in Schleswig-Holstein habe ich während der Frühjahrsreinigung bei den mit Dachpappe benagelten, völlig geschlossenen Bruthäuschen mit einer Einlauföffnung von 16 x 16 cm in mehreren Fällen faule Eier gefunden. Alle Häuschen waren der prallen Sonne ausgesetzt, wobei nicht die Stauhitze allein an den abgestorbenen Eiern schuld war, sondern die mangelnde Luftfeuchtigkeit, die am Ende der Brutphase 90 % betragen soll. Es ist ganz logisch, daß ein völlig abgeschlossener, wasserdicht überdachter Raum nicht die gleiche Feuchtigkeit hergeben kann wie ein offener Brutplatz am Boden. Wer immer wieder behauptet „die Ente bringt von der Brutpause viel Wasser ins Gelege mit und müsse deshalb

Löcher in den Boden der Bruthilfe bohren, damit das Wasser ablaufen kann", der soll sich vorstellen, wie wasserabweisend das gefettete Entengefieder beschaffen ist. Selbst wenn das Brustgefieder durch selbstausgerupfte Daunen etwas aufnahmefähiger wird! Man sollte bei Gelegenheit beobachten, wieviel Wasser nach dem Anflug auf dem Brett einer Bruthilfe liegen bleibt und wieviel Zeit unter Umständen vergeht, in der das Gefiederwasser abtropft, bis die Ente wieder auf den Eiern sitzt. Bei aufgestellten oder aufgehängten Weidekörben kam es dagegen nie vor, daß bei der Frühjahrskontrolle noch Eier im Nest lagen, höchstens, daß mal ein Ei durch das ständige Nestmuldendrehen der Ente im Nistmaterial vergraben wurde. Bei ausgesprochenen Schönwetterlagen zur Hauptlegezeit im April bis Mai habe ich in völlig freistehenden Häuschen ohne ausreichende Belüftungsöffnungen an extrem warmen Tagen Temperaturen bis 40° C gemessen. Und bei 42° C beginnt das Eiweiß bereits zu gerinnen.

Genauso fehlt in solchen Bruthilfen die kühle Bodenfeuchtigkeit, der Regen und jede Luftbewegung, die für den Brutablauf so wichtig sind. Gerade in der Legephase sind die Eier am meisten gefährdet, denn beim Verlassen des Geleges werden sie nur notdürftig abgedeckt und sind so der höheren Temperatur durch die gestaute Luft unter dem Pappdach ausgesetzt. Bei der Brutphase kommen hingegen Schäden dieser Art kaum vor, da die Mutterente mit ihrem Körper – bis auf die kurze Brutpause – die Temperatur konstant hält.

Zum Absterben der Eier kann es auch kommen, wenn diese während der Legephase in der Bruthilfe auf dem nackten Boden liegen. Das geschieht immer dann, wenn statt der verfilzten Grassode loses Material wie Stroh, Heu oder Torf eingelegt wurde. Unter Zuhilfenahme der Latschen und des Schnabels formt die Ente in der Legezeit die tiefe Nestmulde weiter. Dabei schiebt sie alles lose Material zur Seite an den Rand und die Eier liegen entweder auf den blanken Brettern oder auf dem nackten Korbgeflecht. Bei auftretenden Minusgraden im März bis April während der Nacht kommt es dann zum Unterkühlen der Keimzellen in den Eiern.

Diese Erkenntnisse basieren auf jahrelangen Studien am Wasser. Aufgrund dieser Erfahrungen entstand eine Bruthilfe, die im Gegensatz zum herkömmlichen „Häuschen" so gut wie kein Geld kostet, der Ente alle Vorteile bietet, sich völlig ins Landschaftsbild integriert und von den handwerklich einigermaßen begabten Revierbetreuern auch in kürzerer Zeit gefertigt werden kann.

Wird diese selbstgebaute Bruthilfe auf einem dicken, frischen, in den Boden geschlagenen Weidenpfahl angebracht, entsteht in ein paar Jahren aus einem künstlichen ein natürlicher Brutplatz, nämlich eine Kopfweide. Beim Einsetzen oder Einschlagen muß an eventuelle Grundwasserabsenkung im Sommer gedacht werden, damit die Weide nicht im Trockenen steht.

Die Abbildung beweist, daß sich die Stockenten um die neukonzipierte Bruthilfe geradezu streiten.

Die Zeichnung verschafft einen Überblick über die einfach zu bauende Bruthilfe, die einem natürlichen Brutplatz am Boden ziemlich gleicht und bei der Ratten – selbst an stark gefährdeten Plätzen wie z. B. Klärteichen – keine Chance haben.

Mit diesen – dem biologischen Ablauf weitgehend nachempfundenen – Bruthilfen wird ein künftig natürlicher Brutplatz geschaffen.

Die neukonzipierte Bruthilfe übt auf Stockenten einen starken optischen Reiz aus. Dabei finden sie Sichtschutz, Rundumblick und eine tiefe Nestmulde.

Außerdem bleibt die Wasserfläche frei von einer „Biotopmöblierung", die den natürlichen Charakter eines Feuchtgebietes erheblich beeinträchtigt.

Bauanleitung für künstliche Bruthilfe

Aus ein paar kurzen Brettern und Dachlatten läßt sich in ca. 20 Minuten der Unterbau zusammennageln. Natürlich müssen die Bretter nicht 26 bzw. 21 cm breit sein. Schmalere werden mit 2 Laschen an der Unterseite zusammengenagelt und erfüllen so den gleichen Zweck. Man kann in jedem Fall Abfallholz verwenden, älteres ist nicht so auffällig und muß nicht gestrichen werden. Auf den Unterbau wird dann im Bogen ein Stück Maschengeflecht etwa 25 cm hoch genagelt. Das ergibt sich aus der Zuschnittgröße 60 x 60 cm. Nach ein paar kurzen Einschnitten

Mit Entenhäuschen möblierte Flachwasserzonen erinnern an Schloß- oder Stadtparkteiche, aber nicht an ein verschwiegenes Wasserwildrevier.

werden die Enden des Drahtgeflechtes auf der Rückseite nach innen gebogen und mit 2–3 Drahtschlaufen zusammengenagelt. Das Ganze wird dann mit einer Handvoll Verblendmaterial aus der Nähe des Teiches, z. B. trockenen Grases, abgedeckt und mit frischen Weidenruten festgesteckt. Der Zeitaufwand für die Dachkonstruktion beträgt noch einmal ca. 20 Minuten, so daß eine Gesamtarbeitszeit von 40 Minuten erforderlich ist.

Wer sich etwas mehr Arbeit machen will, kann anstelle des Drahtgeflechts mit dem Verblendmaterial das ganze Oberteil mit Weidenruten zuflechten. Zu diesem Zweck sollten die Ruten in der saftarmen Zeit, im Januar, geschnitten werden. Damit sie dann nicht so leicht brechen, werden sie ca. 2 Wochen ins Wasser gelegt. Das auf den ersten Blick schwierige Flechten ist im Grunde denkbar einfach. Es kommt nicht darauf an, einem Korbflechter Konkurrenz zu machen, sondern der Bruthilfe eine natürliche und zweckmäßige Tarnung zu geben.

Bauanleitung für künstliche Bruthilfe

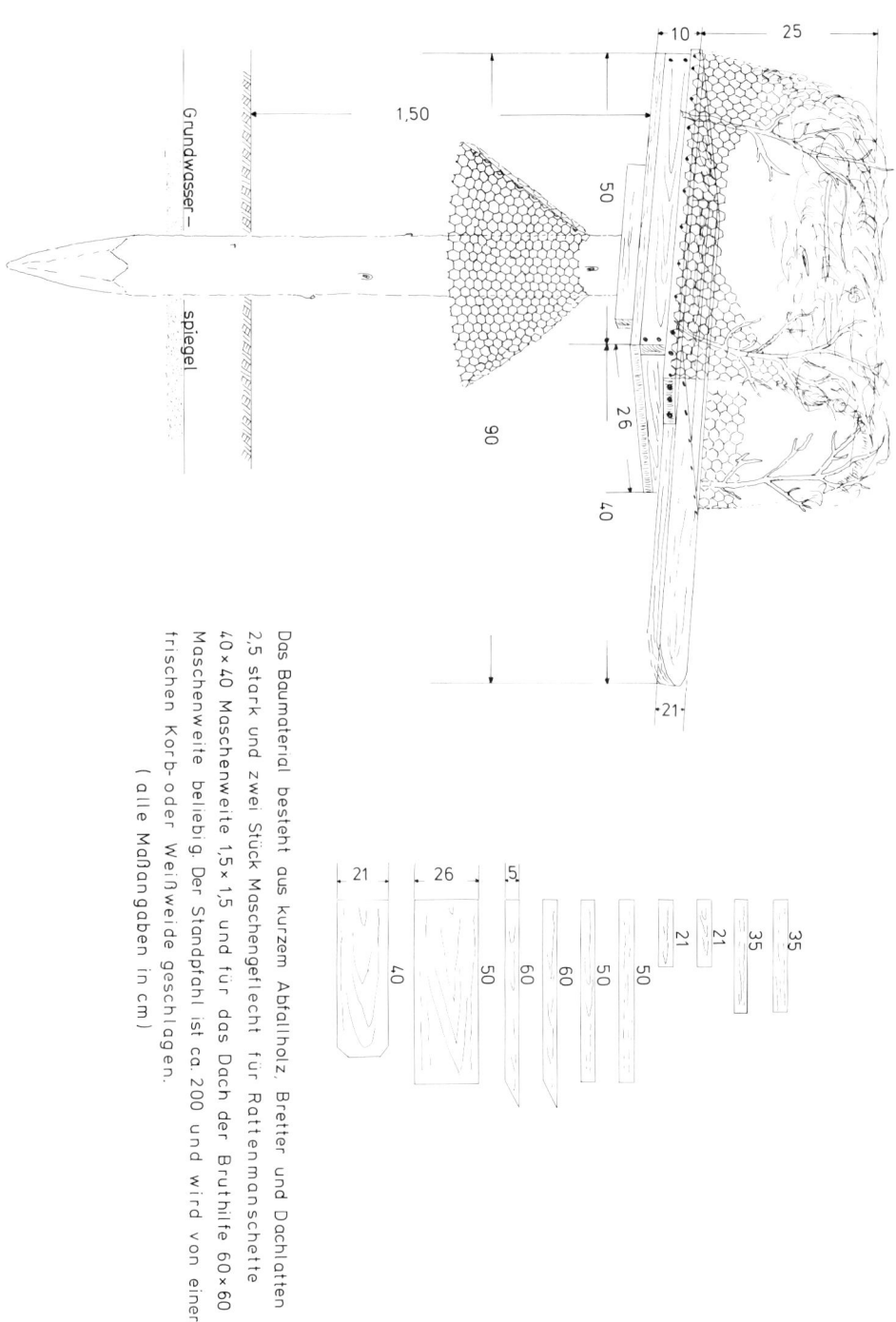

Das Baumaterial besteht aus kurzem Abfallholz, Bretter und Dachlatten 2,5 stark und zwei Stück Maschengeflecht für Rattenmanschette 40×40 Maschenweite 1,5×1,5 und für das Dach der Bruthilfe 60×60 Maschenweite beliebig. Der Standpfahl ist ca. 200 und wird von einer frischen Korb- oder Weißweide geschlagen.
(alle Maßangaben in cm)

Korbweide mit Bruthilfe im vierten Jahr nach dem Aufstellen. Ansätze zum natürlichen Brutplatz sind schon deutlich sichtbar.

In die Randlatte werden in Abständen von 8–10 cm Löcher gebohrt, in die bügelartig Weidenruten gesteckt und anschließend von der Seite mit kleinen Nägeln befestigt werden. Die Bügelhöhe beträgt ebenfalls 25 cm, wobei man zum Eingang hin auf 18 x 18 cm verjüngt. Das Dach hat eine Länge von 60 cm, weil sich die Ente im mittleren Bereich der Bruthilfe am sichersten fühlt und nicht gerne am Eingang sitzt.

Ein frischer, dicker Weidenpfahl, ca. 180–200 cm lang und 10–20 cm stark, wird am unteren Ende – nicht umgekehrt – angespitzt und in Ufernähe in den Boden geschlagen. Die Spitze des Pfahls muß selbst bei Trockenperioden im Grundwasser stehen. Die Arten Korbweide (Salix viminalis) und Weißweide (Salix alba) eignen sich besonders gut und schieben schon im ersten Jahr meterlange Triebe.

Nachdem die Bruthilfe auf den Pfahl gesetzt und festgenagelt wurde, sticht man mit dem Spaten eine ca. 8 cm dicke Grassode aus und auf der Unterseite, etwa in der Mitte, wird die Erde weggekratzt, damit beim Einlegen im mittleren Bereich der Bruthilfe eine Nestmulde entsteht. Die verfilzte Grasmatte hat den großen Vorteil, daß die notwendige Brutfeuchtigkeit erhalten bleibt, die Morgenkühle des Bodens nachempfunden wird, und die Ente schafft es in der Regel nicht, die Nestmulde bis auf die blanken Bretter durchzuarbeiten.

Als Rattenschutz wird ein ca. 40 x 40 cm großes Stück Kükendraht mit einer Maschenweite von 15 x 15 mm um den Weidenpfahl gelegt. Um das Anbringen zu erleichtern, führt man vom Rand aus mit einer Kneifzange oder Blechschere einen Schnitt, der in der Mitte als Kreis genau den Durchmesser des Pfahls hat.

Anschließend werden die beiden Schnittkanten etwas zusammengezogen und miteinander verhakt, damit ein nach unten hängender Schirm entsteht. Ist das Verblendmaterial nach ein paar Jahren verrottet, wird es dem Heger sicher nicht schwerfallen, das Drahtgitter wieder abzudecken. An eine wichtige Kleinigkeit sollte beim Verblenden der Bruthilfe allerdings gedacht werden. Damit der Betreuer bei der Gelegekontrolle aus einiger Entfernung mit dem Glas feststellen kann, ob die Ente sitzt oder nicht, dürfen wir nicht vergessen, auf der Rückseite der Bruthilfe eine Öffnung zu lassen.

Nachdem auch der Drahtkorb und der Unterbau den Weg alles Irdischen gegangen sind, wird an dieser Stelle – vorausgesetzt der Weidenpfahl ist nachgewachsen – ein völlig natürlicher Brutplatz für Enten und andere Bewohner des Feuchtgebietes entstanden sein.

Schockfarbene Plastikeimer und Hausentenhäuser entstellen nicht nur den Biotop, auch der Bruterfolg ist wegen der Dachpappe fragwürdig.

Bei solchen Bruthilfen sind biologische Notwendigkeit für eine erfolgreiche Entenhege und guter optischer Eindruck miteinander verbunden.

Schon allein aus optischen Gründen, ohne dabei den biologisch notwendigen und landschaftspflegerischen Aspekt zu berücksichtigen, kann der Leser selbst einmal urteilen, welche Art der Bruthilfe an einem Gewässer draußen im Revier besser ins Landschaftsbild hineinpaßt.

Immer wieder ist zu beobachten, daß auf die Pfähle unter den Bruthilfen Plastik oder Marmeladeeimer genagelt werden, um die Gelege vor hochkletternden Ratten zu schützen. Diese Entstellung eines Feuchtgebiets mag vielleicht ganz zweckmäßig sein, läßt aber sicherlich Zweifel darüber offen, ob hier der Heger in naturschützerischer Absicht gehandelt hat. Die Reviere haben ihren ursprünglichen Charakter seit langem verloren und deshalb sollten alle, die Reviereinrichtungen bauen, dafür sorgen, daß nicht auch noch grellfarbener Wohlstandsmüll über den stillen Wasserflächen prangt.

Der beschriebene Rattenschutz aus Kükendraht ist aus einiger Entfernung nicht mehr zu erkennen.

Die schon erwähnte Rattenfutterkiste entspricht vielleicht nicht unseren ethischen Vorstellungen, ist aber beim fachgerechten Einsatz die einzige Möglichkeit, den größten Feind aller Bodenbrüter unter Kontrolle zu halten. Andererseits ist die Gefahr, daß weit draußen an Teichen, die ohne Anschluß an Abwassergräben oder Fließgewässer aus Ortschaften liegen, Ratten die Gelege der Stockenten auf hochgestellten Bruthilfen zerstören, ohnehin gering.

Die Kontrolle der Gelege

Eine Kontrolle der Gelege ist nur aus zwei Gründen sinnvoll. Erstens, wenn ein Stamm biotoptreuer Enten heimisch gemacht werden soll und zweitens, um auch anderen Revierbetreuern durch Abgabe der Eier den Besatz mit wilden Stockenten statt Hochbrutflugenten zu ermöglichen. Denn bei stabilen Stockentenbesätzen, denen eine vernünftige Hege widerfährt, kann der Natur freier Lauf gelassen werden. Hier wäre jede künstliche Vermehrung überflüssig. Durch Beringung der Jungenten aus künstlicher Aufzucht konnte ich feststellen, daß ca. 40 % der in der 4. Woche ausgesetzten Jungen ihren nahrungsreichen Jugendbiotop auch nach der Geschlechtsreife (10 Monate) wieder beflogen. Wahrscheinlich wird der Naturtrieb der Jungenten, nach dem Flüggewerden große Wanderungen vorzunehmen, durch das kontinuierliche Nahrungsangebot am Hegegewässer eher verdrängt als auf großen Sammelgewässern.

Eine Kontrolle wird auch an nährstoffreichen Gewässern zu einer Hegemaßnahme, weil es dort durch Überbesatz leicht zu Doppelgelegen kommt. Die abgesammelten Eier können – wie schon erwähnt – an andere Revierinhaber abgegeben werden, um hiermit bei der Erhaltung reinblütiger Stockenten mitzuwirken.

Der große Vorteil der Gelegekontrolle liegt darin, daß die Eier, die nach der Entnahme im Nest verbleiben (etwa 8–10 Stück), von der Ente ausreichend bedeckt werden und so alle der Bruttemperatur von 37,8° C während der gesamten Brutzeit (24–28 Tage) ausgesetzt sind. Durch diese Manipulation am Bruterfolg wird einerseits gewährleistet, daß aus der Eiervielzahl eines

Doppel- oder Mischgeleges auch tatsächlich genug Entenküken schlüpfen. Auf der anderen Seite wird dafür gesorgt, daß natürliche Verluste durch Freßfeinde und naßkalte Witterung durch die sichere und problemlose künstliche Aufzucht ausgeglichen werden können.

An neu entstandenen Teichen wird durch die künstliche Aufzucht erreicht, daß sich die Jungenten besser an ihren Lebensraum und den Betreuer gewöhnen und nicht gleich bei der geringsten Annäherung abstreichen. Mit dem Besatz eines Jungschofs, der langsam heranwächst, wird gleichzeitig eine Art Lockfunktion auf andere, vorüberstreichende Enten ausgeübt und die gesamte Hegearbeit erleichtert. Die Voraussetzung für das Regulieren der Entengelege und für das Ausbrüten gefundener, verlassener oder sonst noch zu rettender Gelege ist ein auf die richtige Bruttemperatur vorgewärmter Brutapparat.

Wer die Möglichkeit hat, die eingesammelten Eier von einer Glucke, Pute, Gans oder Hausente ausbrüten zu lassen, sollte diese günstige Situation nutzen. Denn außer der Arbeitsersparnis können die Küken ohne Einzäunung mit ihrer Mutter am Wasser ausgesetzt werden. Um sicher zu gehen, ob es sich bei der Entnahme um angebrütete Eier handelt, muß gleich ein Ei geöffnet werden. Im Bedarfsfall sollten angebrütete Eier, je nach Entwicklungsstadium, gleich oder nach kurzer Beruhigung weiter bebrütet werden. Frische Eier sollte man dagegen auf einem Rollenwender sammeln und jeden Tag einmal wenden, bis sich eine Brut lohnt. Bevor aber überhaupt Eier abgesammelt werden, müssen wir bedenken, daß jede Naturbrut die beste und sicherste ist und nur solche Gelege zu regulieren sind, die deutlich mehr als 10 Eier aufweisen. Bei allen Gelegekontrollen muß selbstverständlich äußerst behutsam vorgegangen werden, damit selbstverschuldete Verluste vermieden werden. Aus diesem Grund sind nachfolgend einige Hinweise genannt, um ein Fehlverhalten weitgehend auszuschließen.

1. Die Stockente legt in der Regel in den Vormittagsstunden zwischen 7.00 und 10.00 Uhr ihre Eier. Deshalb soll eine Kontrolle erst nachmittags erfolgen, aber nicht, bevor man sich mit dem Fernglas überzeugt hat, ob die Ente nicht doch schon brütet.

2. Nach einer Kontrolle prüfen, ob die Ente weiter legt oder brütet; ist das nicht der Fall, müssen alle Eier abgesammelt werden.

3. Störungen zu Beginn der Brutzeit nimmt die Ente übel und kehrt nicht wieder zu den Eiern zurück!

4. Die Eier vorsichtig aus dem Nest nehmen und unter allen Umständen den gleichen optischen Eindruck hinterlassen, den man vorgetroffen hat.

5. Sollte trotz aller Vorsicht doch eine Ente auf den Eiern sitzen und bei Annäherung durch Personen sofort verleiten (sich krank stellen), muß die Kontrolle unterbleiben, denn in diesem Brutstadium kehrt die Ente mit großer Wahrscheinlichkeit zum Gelege zurück.

6. Läßt die Ente die Fluchtdistanz bis auf 1 m schrumpfen oder sich sogar anfassen, befindet sie sich im letzten Stadium der Brutzeit. Ihre Mutterinstinkte sind zu dieser Zeit so stark ausgeprägt, daß sie selbst bei akuter Gefahr ihr Gelege nicht aufgibt. Auch bei solchen Situationen müssen sämtliche Eier im Nest bleiben.

Stockente im letzten Abschnitt der Brutphase. Die Mutterinstinkte sind schon so stark ausgeprägt, daß die Fluchtdistanz bis auf einen Meter schrumpft.

In solcher Situation, wie sie auf der Abbildung dargestellt wird, muß jede weitere Konfrontation sofort abgebrochen werden, denn sollte die Ente ihr Gelege mit überstürzter Flucht verlassen, schlagen unter Umständen die hochempfindlichen Eier zusammen und diese Beschädigung hat den Tod der Küken zur Folge. Oder die noch nassen Küken liegen im Nest und während die Mutter damit beschäftigt ist den Feind abzulenken, kommt es eventuell zur Unterkühlung der Jungen und somit zu Verlusten.

Bei Normalgelegen sollte man ebenfalls auf weitere Störungen verzichten, denn in diesem Fall sind die Eier bei der Ente „in den besten Händen". Ein Indikator für das Brutstadium ist häufig der Daunen-Anteil im Nistmaterial eines Stockentengeleges. Man kann praktisch davon ausgehen, daß Eier, die in reinen Daunen zu liegen scheinen, hochgradig bebrütet sind. Hingegen befinden sich solche, bei denen mehr Gras augenscheinlich wird, am Anfang der Brutzeit.

Den Doppel- oder Mischgelegen – auf die sich die ganze Gelegekontrolle bezieht – sollten soviel Eier entnommen werden, daß nur noch maximal 10–12 Stück im Nest verbleiben. Warum gerade hochstehende Bruthilfen, in denen 2 oder mehrere Stockenten ihre Eier ablegen, für eine Gelegekontrolle in Frage kommen, sollen dem Leser die nachfolgenden Darstellungen verdeutlichen. Auf der Abbildung sind zwar mit Mühe nur 19 Eier zu erkennen, aber insgesamt waren es 22.

Aufgrund einer derartig hohen Anzahl von Eiern wird klar, daß bei der Größe einer Stockente während der Brutphase nicht alle Eier gleichzeitig bedeckt werden können. Unter Zuhilfenahme des Schnabels wendet die Ente während der Brutzeit bekanntlich ihre Eier. Und durch die hohe Anzahl ist der Vermischungseffekt beim Wenden natürlich sehr groß. Somit können wir kaum annehmen, daß alle Eier die gesamte Brutzeit über (24–28 Tage) der kontinuierlichen Bruttemperatur von 37,8° C ausgesetzt sind. Am Ende der Brut sitzen dann leider nur ein paar Küken auf dem Nestrand und als „Nestflüchter" warten sie auf die Mutter, um mit ihr den Brutplatz zu verlassen. Die Mutterente aber, die die Mehrzahl der Eier noch unter sich spürt, brütet instinktiv halb stehend noch 1–2 Tage weiter. Voller Ungeduld springen die inzwischen trockenen Küken am nächsten Morgen aus dem Nest und warten unter dem Nestplatz –

Normalgelege nach dem Schlüpfen der Küken. Die restlichen Eierschalen liegen zusammengetreten im verlassenen Nest.

Verlassenes Doppel- oder Mischgelege nach verlängerter Brutzeit von 34 Tagen. Tote Küken, angepickte und heile Eier bleiben zurück.

dicht zusammengedrängt und piepsend – auf das Nachfolgen der Mutter. Da sie nicht wieder ins Nest zurück können, irren sie in der Nähe des Brutplatzes umher, weil sie den Lockton der Mutter hören. Aber allein, ohne die wärmende, schützende Mutter, können sie die nächste Nacht nicht überstehen.

So ein Entendrama kann sich selbstverständlich nur bei hochstehenden Bruthilfen ereignen, denn bei allen Nistplätzen am Boden können die Küken zurück ins Nest, wo sie bei der Mutter sicher sind. Trotz dieser Erfahrungen bleiben die hochstehenden Bruthilfen für die Stockenten besonders wertvoll, weil sämtliche Gelege am Boden zuvielen Eierliebhabern ausgesetzt sind. Das Absammeln überzähliger Eier ist die einzige Möglichkeit, bei Doppel- oder Mischgelegen Verluste zu vermeiden.

Streng genommen wirft die Kontrolle der Gelege allerdings einige rechtliche Probleme auf. Im BJG § 1 (5) steht:

„Das Recht zur Aneignung von Wild umfaßt auch die ausschließliche Befugnis, krankes und verendetes Wild, Fallwild und Abwurfstangen sowie die **Eier von Federwild sich anzueignen.**"

Und dann weiter unter § 22 (4) liest man genau das Gegenteil:

„Das Ausnehmen der Gelege von Federwild ist verboten."

Wer glaubt, seine Zweifel beseitigen zu können, indem er das bekannte Standardwerk „Kommentar zum Bundesjagdgesetz" von Mitzschke-Schäfer zu Rate zieht, der erfährt auch nichts neues. Denn außer viel verwirrendem Text steht dort auch nicht mehr als: „Das Absammeln der Eier des Federwildes ist verboten." Da der § 22 die Überschrift „Jagd- und Schonzeiten" trägt, wird jedem Leser klar, daß das Entnehmen der Eier aus den Gelegen von Federwild gegen dieses Gesetz verstößt. Aber wo wären wir mit der Hege und Arterhaltung des so rar gewordenen Federwildes, wenn sich nicht pflichtbewußte Jäger mit viel Mühe und Zeitaufwand der ausgemähten oder sonst gefährdeten Gelege annehmen würden. Ob wir nun Eier von Fasanen, Rebhühnern oder Enten im Apparat oder mit der Glucke ausbrüten, jede dieser Aktionen dient ausschließlich der Erhaltung der einzelnen Art.

Künstliche Aufzucht

Das künstliche Aufziehen von Entenküken ist oft unumgänglich.

Die künstliche Aufzucht beginnt im Grunde schon beim Absammeln der Eier, denn um einen größtmöglichen Erfolg zu erzielen, kommt es darauf an, daß sie fachgerecht nach Hause transportiert werden. Besonders empfindlich sind – wie schon erwähnt – angebrütete Eier, weil bei ihnen die Gefahr besteht, daß durch Erschütterungen die feinen Blutgefäße von der Keimzelle oder dem Embryo abreißen könnten. Für den Eiertransport hat sich sehr gut ein ganz normaler Eimer bewährt, der etwa bis zu einem Drittel mit Getreide gefüllt wird. Die Eier lassen sich sehr gut darin einbetten, sie bleiben sauber, trocken und warm und können so mit jedem Fahrzeug, ohne Schaden zu nehmen, transportiert werden. Bei jedem Umgang mit ihnen sind natürlich Stöße und grobe Erschütterungen zu vermeiden. Das soll aber nicht heißen, daß Transporte unbedingt von Hand getätigt werden müssen. Das Eiweiß, das den Embryo mit Dottersack umgibt, versorgt das heranwachsende Küken nicht nur mit Stickstoffsubstanzen und Wasser, sondern schützt es auch vor Bakterien und Erschütterungen. Frische Eier kommen auf den Rollenwender, an einen kühlen Ort oder auf einen Tisch mit etwas Sand, Torf oder Sägemehl, wo sie jeden Tag gewendet werden, bis sich eine Kunstbrut lohnt. In diesem Zustand dürfen sie aber nur max. 10–14 Tage aufbewahrt werden, um die Dauer der natürlichen Legezeit nicht zu überschreiten. Angebrütete Eier, deren Entwicklungsgrad schon gleich nach der Entnahme aus dem Nest festgestellt wurde, kommen nach einer Beruhigungspause, die zusammen mit der Transportzeit nicht länger als eine natürliche Brutpause (ca. 20 Minuten) dauern soll, in den Brutschrank.

Doppelgelege, erkennbar an der hohen Eierzahl und unterschiedlichen Färbung. Hier sollte die Hälfte abgesammelt werden.

Normalgelege. Hier wäre jede weitere Störung ein grober Fehler. Die Anzahl von 11 Eiern verspricht einen hundertprozentigen Bruterfolg.

Wird ein Gelege gefunden, das schon kalt ist, aber trotzdem einen Bebrütungsgrad aufweist, sollte ein Ausbrüten in jedem Fall versucht werden. Denn auch mehrstündiges Freiliegen kann am Anfang der Brutphase unter Umständen überstanden werden und doch noch zum Erfolg führen.

Ob sich ein Weiterbrüten wirklich lohnt, läßt sich spätestens am 4. oder 5. Tag nach dem Einlegen in den Brutschrank feststellen. Die Schierlampe zeigt, ob das Wachstum des Embryos fortgeschritten ist oder nicht. Am Anfang der Brut ist eine ein- oder zweimalige Unterschreitung der Bruttemperatur von geringer Bedeutung. Dies hat sich in der Praxis gerade bei Enteneiern gezeigt.

Aber nun zum eigentlichen Brutablauf:

Wer Enten künstlich aufziehen will, braucht dazu entweder einen Brutapparat oder einen geeigneten Vogel, der auf den Eiern fest sitzen bleibt. Geeignet hierfür sind Zwerghühner, Hühner, Puten und natürlich Gänse und Enten. Aber so einen Vogel zu beschaffen, kann in der heutigen Zeit zu einem Problem werden. Sollte es aber doch gelingen, eine Glucke zu besorgen, braucht man die Eier nur unterzulegen, den Vogel täglich füttern und abwarten bis die Küken geschlüpft sind.

Die Alternative zum natürlichen Brutvogel ist der elektrische Apparat. Der Fachhandel bietet inzwischen eine ganze Reihe von Brutmaschinen an. Die billigen Styroporbrüter haben sich allerdings meiner Erfahrung nach nicht bewährt, weil durch ihr geringes Volumen die Bruttemperatur schlecht konstant zu halten ist und deshalb leicht überdreht wird. Damit der Arbeitsaufwand einer Kunstbrut am Ende auch den nötigen Erfolg beschert, muß folgende Anleitung beachtet werden:

Eine mehrmalige, tägliche Kontrolle der Temperatur und Luftfeuchtigkeit im Brutschrank sind für den Bruterfolg dringend notwendig.

Zu Anfang der Legezeit – etwa Ende März – sollte jeder, der künstlich brüten will, den Brutapparat auf die richtige Bruttemperatur erwärmen, damit, wenn angebrütete Eier anfallen, nicht noch lange Zeit vergeht, bis sie eingelegt werden können. Zur gleichen Zeit füllt man die Wasserbehälter so, daß die relative Luftfeuchtigkeit im Brutgerät ca. 60 % beträgt. Die richtige Temperatur ist 37,8° C, 1 cm über den Eiern gemessen.

Nachdem der Brutschrank auf die erforderliche Weise vorbereitet wurde, können die sauberen und richtig aufbewahrten Eier hineingelegt werden. Vom 1. bis 20. Tag muß man sie 3 x täglich – morgens, mittags und abends – wenden. Dies geschieht entweder von Hand, oder wenn man der Besitzer eines größeren Gerätes ist, mit den eingebauten Rollenwendern. Die Belüftungsklappen bleiben bis zum angepickten Zustand der Eier zu zwei Dritteln geschlossen.

Am 10. Tag der Bebrütung werden die Eier morgens vorsichtig herausgenommen und geschiert (durchleuchtet), um festzustellen, welche Eier befruchtet sind. Bei allen brutfähigen Eiern zeigt sich ganz deutlich ein roter Punkt, von dem spinnenartig dünne Blutgefäße ausgehen. Für diese wichtige Kontrolle gibt es im Fachhandel eine Speziallampe, bei der die Eier auf eine Gummimanschette gesetzt und im abgedunkelten Raum durchleuchtet werden können. Sind aber nur 2 oder 3 Gelege auszubrüten, braucht man für diesen Zweck nicht unbedingt solch eine Lampe. Eine auf Eidurchmesser zusammengedrehte Papierrolle, auf die das Ei gesetzt und durch einen Türspalt gegen das Sonnenlicht gehalten wird, erfüllt den gleichen Dienst. Alle Eier, die nach dem 10. Tag entweder klar sind, einen roten Ring aufweisen oder einseitig abgesetzt sind, werden aussortiert. Jedes Weiterbrüten wäre hier sinnlos. Diese Eier faulen, platzen schließlich, stinken ganz fürchterlich und gefährden unter Umständen noch die gesunden. Ab dem 10. Tag holt man die Eier nach dem Wenden für 10 Minuten aus dem Brutschrank und besprüht sie mit Wasser. Somit wird auf der einen Seite die natürliche Brutpause der Mutterente nachempfunden und auf der anderen Seite die Gefiederfeuchtigkeit simuliert.

Als Sprühgerät eignet sich sehr gut ein Blumenbestäuber oder eine ausgediente und gründlich gesäuberte Fensterklarflasche. Es ist unbedingt notwendig, daß während der gesamten Brutzeit immer wieder Temperatur und Feuchtigkeit kontrolliert werden, bis die Eier angepickt sind. Eine Unter- oder Überschreitung der Bruttemperatur ab dem 12. Tag hat in der Regel Mißbildungen an den Gliedmaßen der Küken zur Folge. Ab dem 23. Tag der Brut muß man darauf achten, ob schon Eier angepickt sind. Denn in diesem Falle wird die Temperatur um ca. 0,4–0,6° C zurückgenommen, die Luftfeuchtigkeit bis auf 90 %

Ausgesetzte Jungenten im Alter von 3 bis 4 Wochen. In dieser Zeit wird eine künstliche Wärmequelle auch während der Nachtzeit überflüssig.

erhöht und die Belüftungslöcher ganz geöffnet. Eine 90 %ige Luftfeuchtigkeit läßt sich am schnellsten erreichen, indem man Tücher mit heißem Wasser tränkt und zusätzlich in den Brutapparat legt.

Eine erfolgreiche Brut erkennt man daran, daß der überwiegende Teil der Eier zur gleichen Zeit angepickt ist. Beim ersten angepickten Ei werden die Kükengitter unter die Rollenwender geschoben, damit die noch nassen und bewegungsgehemmten Küken nicht in den Wasserbehältern ertrinken. Bei den größeren Geräten ist für diesen Vorgang extra ein Schlupfraum vorgesehen, wo die Küken bis zum Trockenwerden bleiben können und dann in die bis auf 30° C vorgewärmte Aufzuchtshütte kommen. Als künstliche Wärmequelle haben sich bei Stromanschluß alle im Fachhandel für diesen Zweck erhältlichen Lampen und Strahler bewährt. Und überall draußen an den Teichen, wo die Entenküken aufgezogen werden, geht es am einfachsten und billigsten mit Petroleumlampen. Wichtig ist nur, daß die Lampen in den Aufzuchtskästen mit engem Drahtgeflecht abgeschirmt werden, damit die kleinen Entchen, wenn sie sich nahe an die Wärmequelle drücken, nicht an dem heißen Zylinder verbrennen.

Sollte der eine oder andere Revierbetreuer z. B. aus beruflichen oder zeitlichen Gründen gezwungen sein, die Aufzucht bis zur 3. Lebenswoche zu Hause durchzuführen, hier einige Hinweise:

Da der Personenkreis für die Jagdaufsicht in der Regel im oder am Revier wohnt und fast immer einen Schuppen, einen Stall oder wenigstens einen Garten zur Verfügung hat, bereitet die Aufzucht keinerlei Schwierigkeiten. Eine große Holzkiste mit abnehmbarem Deckel wird in den Garten gestellt. Auf den Boden der Kiste kommt saugfähiges Material wie z. B. trockener Sand oder Sägemehl. In ca 0,50 m Höhe wird einer der bereits erwähnten Strahler gehängt oder – je nach Anzahl der Küken – 1–2 Glühbirnen installiert, die etwas dunkler angemalt werden, damit sie die Küken nicht blenden. Wichtig ist vor allem die Temperatur im Innenraum. Sie soll eine Handbreit über dem Boden ca. 30° C betragen, denn die Entchen brauchen einen trockenen und warmen Platz, den ihnen sonst die Mutter geben würde. Auf keinen Fall darf der Raum zu heiß werden, was man daran erkennt, daß sich die Küken von der Wärmequelle weg in die Ecke drücken. Starke Über- oder Unterschreitungen der Temperatur würden der gutgemeinten Hegeabsicht ein schnelles Ende bereiten. An die Aufzuchtshütte muß eine gegen Wiesel und Krähen mit Maschendraht geschützte Grünfläche anschließen, damit die Küken neben dem bereitgestellten Fertigfutter auch noch genügend Pflanzenanteile aufnehmen und Insekten jagen können.

Erst die im Brutschrank völlig trocken gewordenen Küken kommen in den Aufzuchtskasten und werden erstmalig im Alter von 24 Stunden gefüttert.

Nachdem alles sorgfältig vorbereitet wurde, kommen die trockenen Küken in die Aufzuchtshütte. Nach 24 Stunden bekommen sie das erste Mal Futter und selbstverständlich auch genügend Wasser. Erfahrungsgemäß bietet man gleich ein spezielles Industriefutter an, z. B. Kükenalleinkorn oder Putenstarter verschiedener Fabrikate. Die Zusammenstellung der Futtermittel beinhaltet alle lebenswichtigen Proteine, Mineralien und Vitamine, so daß die alte und bewährte Methode mit gehacktem Ei, Schafgarbe und jungen Brennesseln wegfallen kann. Die Anwendung dieser speziellen Futtermittel vom ersten Tag an bietet außerdem den Vorteil, daß sich die kleinen Verdauungsorgane der Küken nicht noch einmal auf anderes Futter umzustellen brauchen. Das Fertigfutter wird im Automat und das Wasser in einem Trinkgefäß mit schmalem Rand angeboten, um zu verhindern, daß die Entchen das leicht verderbliche Industriefutter in kurzer Zeit mit Wasser vermischen, worauf es schnell verschimmeln und verderben würde. So früh wie mög-

Damit die Küken keinen Schaden nehmen, wird die Petroleumlampe im Innern der Aufzuchtkiste mit einem engmaschigen Drahtgitter abgeschirmt.

lich – am besten beim ersten Sonnenschein – werden Futterautomat und Wasserbehälter nach draußen gestellt, damit die Küken auch vom natürlichen Nahrungsangebot des Gartens profitieren können. Sie müssen aber jederzeit die Wärmequelle erreichen können.

Etwa zum Ende der dritten Lebenswoche haben sich bei den Jungenten die Arm- und Handschwingen so weit gebildet, daß die Rückenpartien geschlossen sind und das Regenwasser ablaufen kann. Die Enten haben jetzt schon eine Größe, bei der sie dicht zusammensitzend ohne Wärmequelle auskommen und können am Wasser ausgesetzt werden. Da in heutiger Zeit jeder ein Auto besitzt und so ziemlich alle Wege bis zum entlegensten Wäldchen befestigt sind, sollte es nicht schwerfallen, in den ersten 2 Wochen täglich einmal nach den Zöglingen zu sehen.

So früh wie möglich kommen die Entenküken ins Freie, wo ihnen ständig Fertigfutter und frisches Wasser zur Verfügung stehen.

Es muß aber immer die Möglichkeit bestehen, daß sie die Wärmequelle, z. B. bei Gewittern, vom Freien aus erreichen können.

Die optimale Methode Entenküken aufzuziehen, ist natürlich am Wasser, ihrem lebensnotwendigsten Element, denn so werden die Küken gleich vom ersten Tag an mit ihrem Lebensraum vertraut gemacht. Dazu möchte ich zwei Möglichkeiten vorstellen, die sich auch in der Praxis bestens bewährt haben und bei denen Verluste durch Freßfeinde völlig ausgeschlossen sind. Hinzu kommt die Tatsache, daß am oder auf dem Wasser aufgezogene Enten gleich ihre natürlichen Feinde kennenlernen und sie können jedes verfügbare pflanzliche und tierische Eiweiß aufnehmen. Denn davon gibt es am Wasser immer mehr als vergleichsweise im Garten und der artgerechten Unterbringung wird hiermit in vollendeter Weise entsprochen.

Die beiden bewährten Möglichkeiten der künstlichen Aufzucht direkt am Wasser sind im Prinzip ähnlich, nur mit dem Unterschied, daß die eine am Ufer und die andere mitten auf der Wasserfläche stattfindet.

Zuerst die Aufzucht am Ufer:

Für diesen Zweck braucht man die gleiche flache Aufzuchthütte – aber mit einer Petroleumlampe als Wärmequelle. Flach deshalb, weil sich die warme Luft besser am Boden verteilt und nicht in einem Meter Höhe unter dem Dach hängt. Der Einfachheit halber wird in diese Hütte gleich ein Behälter für das Fertigfutter so hineingebaut, daß die Küken in den ersten Tagen oder wenn es kalt wird von innen und später bei Bedarf auch von außen Futter aufnehmen können, um unnötige Nässe im Innenraum zu vermeiden, wie die Abbildung zeigt. Vor die Aufzuchthütte in Richtung Flachwasser wird ein völlig abgeschlossener Käfig aus Kükendraht so gebaut, daß den Entchen genügend Ufer- und Flachwasserzone zur Verfügung steht. Wenn größere Wasserflächen vorhanden sind, kann man in einer stillen Bucht,

Bei dieser Aufzuchtsmethode auf dem freien Wasser sind sämtliche Verluste, vor allem durch Freßfeinde, völlig ausgeschlossen.

mit viel Sonnenlicht im Uferbereich, möglichst hinter einem Schilfgürtel, eine feste Voliere mit einer Tür zum Abschließen errichten. Ein Dach im Bereich des Futterautomaten ist unumgänglich, vor allem gegen seitlich einwirkenden Regen, um ein Verklumpen und Verderben des Futters zu vermeiden. Das schon erwähnte Aufzuchtfutter kann in der handelsüblichen Form und Größe angeboten werden und braucht nicht, wie z. B. bei Fasanenküken, in den ersten Tagen gemahlen oder zerstoßen den Weg der Verdauung anzutreten. Es erscheint ratsam, Futtermischungen mit einem möglichst hohen Eiweißgehalt zu verwenden, weil alle Küken einen relativ hohen Eiweißbedarf haben.

Bei der Aufzucht haben sich folgende Futtermischungen bewährt:

**Deuka Putenstarter –
Granulat**

Gehalte an Inhaltsstoffen:
30,00 % Rohprotein, 0,60 % Methionin, 1,10 % Methionin + Cystin, 4,00 % Rohfett, 4,00 % Rohfaser, 8,00 % Rohasche, 1,40 % Calcium, 0,90 % Phosphor, 0,13 % Natrium

Zusatzstoffe je kg Mischfutter:
16.000 I.E. Vitamin A, 4.000 I.E. Vitamin D3, 30 mg Vitamin E, 20 mg Virginiamycin, 3 mg Halofuginon (Stenorol), Antioxidans BHT.

Vitamine und Virginiamycin mind. 3 Monate nach Herstellung haltbar. Mit Coccidiostaticum.

Zusammensetzung (%): Sojaextr. schrot, dampferh. 50,0, Mais 17,5, Weizen 10,0, Maiskeimextr. schrot 7,5, Maiskleberfutter 3,5, Fleischknochenmehl 3,0, Fischmehl 2,0, Pflanzenöl 2,0, Calciumcarbonat 1,5, Vormischung (Mineral-, Zusatzstoffe) 3,0.

Dieses Futter darf nur bis zu einem Alter von 16 Wochen verfüttert werden.

**Alleinfutter für Hühnerküken
von Raiffeisen**

Inhaltsstoffe in %: Rohprotein 17,0, Rohfett 4,5, Rohasche 7,0, Methionin 0,35, CA 1,0, P 0,7, NA 0,14.

Zusatzstoffe je kg: 12.000 I.E. Vit. A, 1.500 I.E. Vit. D3, 15 mg Vit. E, 20 mg Zinkbacitracin, 125 mg Amprolium-Ethopabat. Antioxidans, mit Propionsäure.

Zusammensetzung in %: Sojaextr. schrot, dampferh. 10,00, Erbsen gem. 5,00, Mais gem. 34,30, WZ. Grießkl. 5,00, Rapsextr. Schr. 3,00, Sonnenbl. Extr. Schr. 2,00, Manioka 14,00, Maiskeimextr. Schr. 7,80, Maiskleberf. 10,00, Tierfett 0,20, PFL.-Fett 0,70, Fleischkn. M. 5,00, Min.-, Spuren-El.-, Wachstumsförd.-, Coccidiostat.-, Vit.-VM. 3,00.

Fütterungshinweis: Nur an Küken bis zum Alter von 6 Wochen verfüttern.

Fütterungsempfehlung: Vom ersten Tag an Alleinfutter trocken zur beliebigen Aufnahme. Dazu wird stets frisches, nicht zu kaltes Wasser bereitgestellt.

Bei den täglichen Kontrollen während der ersten 2 Wochen wird eine Handvoll junges Grün, z. B. Brennesseln oder Schafgarbe, das fast überall im Revier zu finden ist, in den Käfig gestreut. Denn die verwertbaren Grünpflanzen im Bereich der Aufzuchtstätte sind in wenigen Tagen aufgenommen oder heruntergetreten. Steht der Käfig oder die Voliere – wie es am besten wäre – 1/3 am Land und 2/3 im Wasser, sind Trinkgefäß und Futterbrett überflüssig. Denn Wasser ist sogar zum Schwimmen und Tauchen vorhanden und der Fertigfutterautomat wurde in die Aufzuchtkiste mit eingebaut. Diese praktische Bauweise hat noch einen weiteren Vorteil, denn obwohl ein Dach vorhanden ist, zieht das trockene Futter die in Wassernähe sehr feuchte Luft an und quillt leicht, was aber durch die Wärme der Petroleumlampe weitgehend gehemmt wird. Aus diesem Grund ist es auch ratsam, den Automaten nur halb zu füllen, da bei den anfangs täglichen Kontrollen jederzeit nachgereicht werden kann.

Am Ende der 3. Lebenswoche ist nun die Zeit gekommen, den

Jungenten die Freiheit nicht länger vorzuenthalten. Sie brauchen jetzt die Wärme nicht mehr und haben ihren natürlichen Lebensraum – und vor allem ihre natürlichen Feinde – aus der Geborgenheit kennengelernt. An einem sonnigen Tag wird die Klappe oder Tür zur Freiheit geöffnet und der ihnen bekannte Futterautomat ein paar Meter weiter ans freie Ufer gestellt. Von jetzt ab genügt es, alle 2–3 Tage nach den Enten zu schauen, um eventuell fehlendes Futter nachzufüllen. Jetzt ist ebenfalls die beste Gelegenheit, seine Schützlinge an preiswerteres Futter zu gewöhnen, deshalb empfiehlt es sich, das Kükenfutter mit den gleichen Anteilen Weizen zu vermischen. Wer seine Jungenten längere Zeit auf der offenen Wasserfläche beobachtet, wird feststellen, wie schnell sie Gefahr – hauptsächlich aus der Luft – erkennen und in wenigen Sekunden in der schützenden Uferdeckung verschwunden sind. Dieses lebenswichtige Verhalten zeigen zu Hause aufgezogene Enten erst nach ein paar Tagen, oftmals erst, wenn die Kopfzahl des Schofs um die Hälfte geschrumpft ist. Ab der 7. Lebenswoche, wenn die Jungen fast erwachsen sind, ersetzt man die Aufzuchthütte mit dem Futterautomat durch ein schwimmendes Futterfloß, das mit 2 Leinen – bewährt hat sich starke Angelschnur – auf der offenen Wasserfläche festgelegt wird. Da von jetzt ab die Breitschnäbel mit nassen Latschen auf dem Futter herumlaufen können, wird das Floß nur noch mit Getreide beschickt. Um der Uferzone wieder ihr natürliches Aussehen zu verschaffen, werden an allen Gewässern die Spuren der künstlichen Aufzucht – mit Ausnahme der Voliere – beseitigt und abtransportiert.

Die zweite Variante der „Aufzucht im ursprünglichen Lebensraum" verläuft im Prinzip genau wie die gerade beschriebene. Sie hat aber den nicht zu unterschätzenden Vorteil, daß der Käfig vor Zugriffen ziemlich sicher auf der freien Wasserfläche schwimmt. Diese Methode ist besonders dort zu empfehlen, wo die mühevolle Hegearbeit durch übertriebenes Naturbewußtsein Unbefugter Schaden nehmen könnte. Und gerade das wollen wir vermeiden.

Zum Bau dieses „3-Sterne-Hotels für Entenküken" hier eine kurze Beschreibung:

Ein Aufzuchtkäfig, ca. 2 m lang, 1,20 m breit und 0,5 m hoch, mit Kükendraht benagelt und nach oben aufklappbar, wird auf einen Kantholzrahmen, Materialstärke 4 x 6 cm, geschraubt und mit Holzschutzfarbe imprägniert. Ein Drittel des Bodens benagelt man als Podest mit Brettern, auf dem der Kasten mit Petroleumlampe und Futterautomat steht. Der übrige Teil wird von unten mit dem gleichen Kükendraht befestigt und dient als Schwimmbecken. Dort, wo die Bretter (Podest und Ruhebrett) im Wasser liegen, werden diese – der besseren Tragfähigkeit wegen – mit 5 cm starken Styroporplatten benagelt. Die Einholleinen werden mit Ringschrauben oder Krampen am unteren Rahmen so befestigt, daß der Käfig – wenn er festgelegt wird – mit dem nicht überdachten Teil in der Sonne liegt. Hierfür verwendet man am besten wieder die starke Angelschnur, die im Wasser liegend unsichtbar wird und deren Enden, der besseren Tarnung wegen an Steine gebunden, im Flachwasser unauffällig bleiben. Je nach Gewicht der Aufzuchtinsel läßt sich die Schwimmfähigkeit auch mit verschraubbaren Blechkanistern verbessern, denn trockenes Holz saugt sich mit der Zeit voll Wasser und da könnten die Styroporplatten unter Umständen nicht ausreichen.

Auch hier ist es notwendig, daß bei den täglichen Kontrollen junges Grünfutter angeboten wird, denn auf der offenen Wasserfläche haben die Küken selten die Möglichkeit an Grünpflanzen zu gelangen.

Etwa vier Wochen alte Jungenten schwelgen im Angebot der Wasserlinse, die aus einem nahegelegenen Teich hier eingebracht wurde.

Ausnahmen sind Teiche, deren Oberfläche dicht mit Laichkraut, Wasserlinse oder Froschbiß bedeckt ist und somit genügend Grünnahrung bietet.

Im Bereich der Wärmequelle mit Futterautomat muß – wie die Abbildung zeigt – eine Plane angebracht werden, damit die Aufzuchtkiste vor Niederschlagswasser geschützt steht. Wie bereits beschrieben, läßt man die Entchen in der 3. Lebenswoche frei und der Futterautomat kommt an eine flache Stelle der Uferböschung, die die Enten vom Wasser aus gut erreichen können. Bei neu angelegten oder sogenannten Angelteichen stellt sich zur Zeit der Entenaufzucht oft das Problem der fehlenden Deckung im Uferbereich. Um Verluste auch nach dem Freilassen möglichst niedrig zu halten, sollten an verschiedenen Stellen im Flachwasser Reisighaufen in länglicher Form parallel zum Uferverlauf angelegt werden, damit bei Gefahr aus der Luft die schützende Deckung für die Enten bereitsteht.

Nachdem man seine Schützlinge nun in den vorhandenen Biotop entlassen hat, braucht man nur noch dafür zu sorgen, daß das Futterfloß immer ausreichend Nahrung trägt, um die Enten für die kommende Notzeit an einen vertrauten Futterplatz zu gewöhnen. Sie sollen außerdem bei abnehmendem Nahrungsangebot im Frühherbst zum Bleiben veranlaßt werden und auch damit sie nach kurzem Verstreichen ihre vertraute Futterstelle wieder aufsuchen.

Da bei Anwendung der aufgezeigten Möglichkeiten die gesamte Jungentenaufzucht völlig ohne Probleme abläuft und fast ausschließlich zum 100 %igen Erfolg führt, sollte jeder, der sich mit der Entenhege befaßt, dafür sorgen – nicht zuletzt aus Gründen des Tierschutzes –, daß den Küken in den ersten 3 Lebenswochen diese artgemäße Unterbringung zukommt. An dieser Stelle sei noch einmal gesagt, daß der Sinn der Entenhege einzig in der Arterhaltung liegt und jeder Massenzuchtversuch dieses edle Ziel untergräbt. Deshalb sollten auch nur wirklich gefährdete oder Doppelgelege künstlich erbrütet und aufgezogen werden. Und nicht, daß – mit der Absicht, möglichst viel Enten aufzuziehen – jedes bekannte Entengelege in den Brutschrank wandert. Noch verwerflicher wäre der Gedanke, jedes Ei zu sammeln, in der Hoffnung, daß die Mutterente ohnehin noch ein Nachgelege zeitigt.

Die Fütterung

Gelegentlich ist nachzulesen, daß allein die Fütterung der Enten – zwar nach britischer Auffassung, aber auch auf deutsche Feuchtgebiete bezogen – nichts mit der natürlichen Arterhaltung zu tun hat. Aber was wird in unserer verarmten und chemisch gereinigten Natur aus der gesamten Arterhaltung, wenn nicht Jäger alljährlich Millionen von DM aufwenden würden, um gerade in der Notzeit den Wildtieren das zu bieten, was der Mensch in den letzten 40 Jahren aus Wald, Feld und Wiese herausgewirtschaftet hat, nämlich natürliche Nahrung.

Im ersten Kapitel dieses Buches ist darauf hingewiesen worden, daß ein biologisch intaktes und artenreiches Feuchtgebiet jeden Bewohner dieses Biotops ernährt. Aber wieviele solcher Gewässer gibt es heute bei uns noch und welch ein Angebot an Nahrung bieten alle übrigen Wasserwildbiotope? Sind wir nicht auch aus Gründen der Arterhaltung gezwungen, hauptsächlich an Gewässern, die durch Bodennutzung und Straßenbau entstanden sind, die Stockenten das ganze Jahr über zu füttern, oder wovon sollten sie auf diesen sterilen, meist sauren Sand- und Kiesgruben satt werden? Ist es nicht auch Arterhaltung, wenn wir Jäger durch Fütterung auf den oft nur kleinen Teichen im Revier die Enten davon abhalten, ihren Nahrungsbedarf an vergifteten Gewässern zu decken, wie z. B. am Rhein und der Unterelbe, wo sie durch zahlreiche Chemikalien- und Schwermetallbelastungen fast schon selbst vom Himmel fallen? Auch die gutgemeinten Futtergaben der Bevölkerung an den Stadt- und Parkteichen – die schon zu 50 % von Hochbrutflugenten besiedelt werden – dienen sicher nicht der Arterhaltung der Stockente. Oder wäre es vielleicht besser zu hoffen, die Enten würden auf den nahrungsträchtigen, warmen und fischwirtschaftsintensiven Kühlwasserbecken der (Atom-)Kraftwerke satt, auf denen sie unter Umständen zu Hunderten durch Botulismus verenden, oder noch schlimmer, indem sie die sich seuchenhaft ausbreitenden Bakterien auf andere Gewässer übertragen?

In einer Zeit, in der die Lebensräume der Wildarten fast ihren letzten ursprünglichen Charakter verloren haben, und wo Wälder, Wiesen, Felder und Gewässer den Umweltbelastungen kaum noch standhalten können, erscheint es geradezu paradox, wenn Wissenschaftler mit dem Argument aufwarten: „wir brauchen unser Wild nicht zu füttern". Wer glaubt, daß nach ein paar gelungenen Rekultivierungsmaßnahmen irgendwelcher Baggerseen die Enten nicht mehr gefüttert zu werden brauchen, ist einem gewaltigen Irrtum unterlegen.

Wir Jäger müssen die Enten hegen und das heißt auch füttern, bis sämtliche Feuchtgebiete ausreichend natürliche Nahrung für alle Arten dieses Biotops hervorbringen.

Wer sich mit der Entenhege befaßt, sollte daran denken, daß in der Notzeit auf nahrungsarmen Sammelgewässern und später zur Brutzeit auch durch Nahrungsmangel große Verluste entstehen können. Eine Ente, die Eier legt, fast 4 Wochen brütet, die Küken mit Erfolg aufzieht und auch noch genügend Kraft zum Mausern haben soll, solch eine Mutterente muß sich von September bis Februar so viel Energie-Fett anfressen, daß sie diese kraftzehrenden Strapazen, ohne selbst Schaden zu nehmen, überstehen kann. Hinzu kommt, daß sie während der kurzen Brutpausen, in denen sie zusätzlich von Erpeln stark bedrängt wird, kaum Gelegenheit und Zeit findet, selbst satt zu werden. Und gerade in der Brutzeit, in der oft Kälte und Nahrungsmangel zusammenwirken (März, April), werden die größten Energiereserven verbraucht. Aus diesem Grund gehört die Fütterung in der Notzeit zu den wichtigsten Hegeaufgaben im Entenrevier. Früher hatten die Breitschnäbel kaum Probleme, ihren Nahrungsbedarf für die so wichtige Winterfettschicht auf den abgeernteten Getreidefeldern zu decken. Aber jeder, der heute durchs Revier geht, weiß, daß die Stoppelfelder kaum noch mehr als 1–2 Tage alt werden. Getreide und Sämereien sind in der vegetationslosen Zeit die wichtigsten Energiespender für unsere Stockenten. Außerdem sind Hafer, Weizen, Gerste, Mais und Sojaschrot bei den Raiffeisenkassen, oder noch preiswerter, vom Bauer jederzeit zu beziehen. Und mit ein paar Zentnern Getreide kann in den meisten Revieren den Winter über die größte Not gelindert werden.

Welch ein breitgefächertes Nahrungsspektrum in ihrem natürlichen Lebensraum den Stockenten zur Verfügung stehen sollte, zeigt die folgende Aufstellung der Nahrungsbestandteile aus Untersuchungen im Binnenland (aus Betzel: Wildenten, 1979).

1. Samen und Früchte von:
   Igelkolben, Laichkräuter, Rohrglanzgras, Weizen, Roggen, Gerste, Hafer, Sumpfsimse, Waldsimse, Seggen, Moorbirke, Hainbuche, Schwarzerle, Eiche, Ampfer, Knöterich, Gänsefuß, Hahnenfuß, Brombeere, Weißdorn und Hagebutte.

2. Grüne Pflanzenteile:
   Grasspitzen, Getreidesaat, Wasserlinse, Knötericharten, Wasserpest, Hornblatt, Tausendblatt, Wasserhahnenfuß und Wasserstern.

3. Tierische Nahrung:
   Muscheln, Süßwasserschnecken, Schlammrohrwürmer und deren Eier, viele Insekten und deren Entwicklungssta-

dien, vor allem Zuckmücke, Kribbelmücke, Libellen, Steinfliegen, Eintagsfliegen, Schwimmkäfer, Ruderwanzen und Wasserflöhe.

In diesem Zusammenhang sei noch eine Tatsache erwähnt, die der Rehwildhege sehr zugute kommt: Die Stockente ist Vertilger der Zwergschlammschnecke und somit gleichzeitig des Zwischenwirtes des großen Leberegels.

Mit der Fütterung der Stockenten kann – je nach Angebot der natürlichen Nahrung – schon im Frühsommer begonnen werden und nicht erst im Herbst zur Jagdzeit, wie das sehr oft zu beobachten ist. Abgesehen von der künstlichen Aufzucht gibt es hierfür Gründe, die unterschiedlicher Natur sein können. Z. B. mangelnde Insektentätigkeit durch andauernde naßkalte Witterung, oder Nahrungsarmut, die auf den meisten Gewässern vorherrscht. Ein anderer verständlicher Grund für frühzeitige Zufütterung schon im Kükenalter resultiert aus der Erfahrung, daß Stockenten ihre Jungen bevorzugt dort aufziehen, wo reichhaltige Nahrung vorhanden ist. Und welcher Entenheger, der auch mal bei all seinen Bemühungen an die Ernte denken darf und soll, möchte – vorausgesetzt das Feuchtgebiet hat die entsprechende Größe – dieses Verhalten, um den Besatz zu heben, nicht auch für sich nutzen.

Für die Fütterung der Entenküken eignet sich die bereits beschriebene Aufzuchtkiste mit integriertem Futterautomat. Sollte diese Kiste nicht vorhanden sein, muß auf jeden Fall dafür gesorgt werden, daß ein anderer Automat in Anwendung kommt, denn wie schon gesagt, darf Fertigfutter keineswegs naß werden.

Da sich die führende Ente am sichersten im dichten Bewuchs

Hauptsächlich auf nährstoffarmen Teichen sollten schon im Frühsommer gut erreichbare Fütterungen für die Küken eingerichtet werden.

der Flachwasserzone oder auf einer Insel fühlt, wird das Futter entweder auf einem Floß in der Nähe der Röhrichtzone oder auf einer Insel angeboten.

Auf dieses, auf der Abbildung gezeigte Floß, wird dann unter Umständen schon ab Mai ein flacher Kükenfuttertrog mit Gitterdeckel für Putenstarter bereitgestellt. Wer aus irgendwelchen Gründen kein Industriefutter verwenden will, kann auch Getreide – am besten Weizen – anbieten, denn die Entchen haben im Vergleich zu den Fasanenküken im Wasser eher die Möglichkeit, ihren Bedarf an tierischem Eiweiß zu decken. Den wenige Tage alten Küken bereitet es keine Schwierigkeiten, die ganzen Getreidekörner aufzunehmen und sie sind regelmäßig mit ihrer Mutter am Futterfloß zu beobachten.

Alle Futtergaben für die Stockenten sollen grundsätzlich im Flachwasserbereich oder auf einem Floß bereitstehen, wobei im Wasserbereich eine max. Gründeltiefe von 48 cm berücksichtigt werden muß. Diese beiden Möglichkeiten der Fütterung sollen verhindern, daß der schlimmste Feind der Enten – nämlich die Wanderratte (Rattus norwegicus) – von dem ausgelegten Futter profitiert. Ein geräumiges Futterfloß, das bis zu 1/2 Zentner Futter tragen kann, ist leicht aus normalen Schalbrettern zu bauen und hat die Maße 1 x 2 m mit einem 5 cm hohen Rand, der mehrmals eingeschnitten wird, damit das Regenwasser ablaufen kann. Diese Größe ist deshalb zu empfehlen, um das Beschicken des Floßes hauptsächlich im Herbst und Winter auf wenige Male in der Woche zu reduzieren. Der besseren Tragfähigkeit wegen können auf der Unterseite 5 cm dicke Styroporplatten oder wasserdichte Kanister befestigt werden. Bei größeren Seen nagelt man mit Krampen 2 Bügel aus Draht an die Stirnseiten, durch die dann vom Boot aus jeweils 1 Stange gesteckt wird. Handelt es sich aber um kleinere Teiche und Tümpel, läßt sich das Futterfloß genau wie die schwimmende Aufzuchtinsel mitten auf der Wasserfläche festlegen. Beim Zuwasserbringen des Floßes ist darauf zu achten, daß die Leinen diagonal verlaufen, um beim Beschicken durch Lösen einer Leine das Futterfloß leicht ans Ufer schwenken zu können.

Der Weizen hat sich bei der Entenfütterung sehr gut bewährt und wird bestens angenommen. Was aber nicht heißen soll, daß sich Gerste, Hafer, Mais, gekochte Kartoffeln oder Brot nicht auch eignen würden. Im Interesse der Hege und des Naturschutzes darf das Futterfloß aber niemals zum Abladeplatz für Küchenabfälle abgestempelt werden.

Gefahren birgt ebenfalls das Füttern mit dem seit altersher beliebten Kaff (Druschabfall), das aber heute kaum noch beschafft werden kann, weil Mähdrescher dieses Abfallpro-

Ein Futterfloß, das man weit draußen auf der offenen Wasserfläche verankert hat, wird nur ganz selten von Wanderratten besucht.

dukt gleich wieder auf den Acker blasen. Gefahr deswegen, da ins Flachwasser gekipptes Kaff – das nur zum Teil verwertbare Körner enthält – auf dem Grund des Teiches langsam verfault und damit gerade in flachen Gewässern wertvollen Sauerstoff verbraucht. Dieser Verwesungsprozeß kann bei Verabreichung von größeren Mengen sogar zum Umkippen des Teiches führen, und das Wasser wird zur lebensfeindlichen, Sumpfgase (Methan) bildenden Brühe, die auch von Enten gemieden wird.

Ähnlich groß wird die Gefahr, wenn Kaff kurzerhand ans Ufer gekippt wird, wie die Abbildung zeigt.

Hier kann die gutgemeinte Entenhege genau ins Gegenteil umschlagen, denn welchen beträchtlichen Schaden die Ratten an den Gelegen der Enten und allen anderen Bodenbrütern in Wassernähe anrichten, ist in Jägerkreisen hinreichend bekannt. Der Aktionsbereich der Ratten liegt nun mal überwie-

Ans Ufer gekippte Kaffladungen ziehen in erster Linie Ratten an und tragen ganz erheblich zur Gewässerverschmutzung bei.

gend in der Uferzone, dort, wo bei stärkeren Vorkommen ausgesprochene Pässe zu beobachten sind. Und genau auf diesen Pässen darf kein Entenfutter liegen, sondern müssen die Rattenfutterkisten so stehen, daß die ausgetretenen Pässe direkt in die Eingangsöffnungen laufen.

Ein weiteres negatives Beispiel für die Entenfütterung zeigt die Abbildung. Ein Futterautomat, der ca. 150 kg Getreide aufnehmen kann, wurde ans Ufer gestellt. Wer nun von dieser Fütterung am meisten profitiert, steht völlig außer Frage, dieses Foto spricht für sich selbst.

Die auf der Rückseite des Automaten von den Ratten halb eingebuddelte Futterkiste wirkt noch paradoxer, wenn man sich vorstellt, daß auf der Vorderseite 3 Zentner Mais angeboten werden. Automaten mit derartigem Fassungsvermögen sind bei

Futterautomaten mit großem Fassungsvermögen, am Ufer aufgestellt, sind ebenfalls Tummelplätze für Wanderratten.

der Entenhege fehl am Platz, weil das angebotene Hegeprogramm bei mangelnder Kontrolle sehr schnell seinen eigenen Lauf nimmt.

Die Rattenfutterkisten müssen ständig neu beschickt werden, damit das ganze Jahr über diese äußerst schädlichen Nager unter Kontrolle bleiben. Der Köder sollte von Jahr zu Jahr einmal gewechselt werden.

Das Futterangebot richtet sich bei der Entenhege natürlich auch nach der Nachfrage, denn wer seinen Teich regelmäßig kontrolliert – was bei allen Hegemaßnahmen im Niederwildrevier überhaupt von großer Wichtigkeit ist –, wird sehr bald feststellen, wieviel von dem ausgelegten Futter aufgenommen wurde. Ab September, wenn die Jungenaufzucht und Mauser in der Regel zu Ende gehen, werden die Enten „nachtaktiv" und beginnen erst bei Dämmerung mit der Nahrungssuche. Und von dieser Zeit an sollte das Futterfloß oder die Getreidemenge im Wasser öfter beobachtet werden, weil die Zahl der Enten beim abendlichen Strich mit sinkenden Temperaturen ständig zunimmt.

Wenn es sich um stehende Gewässer handelt, sollten ab November alle Revierbetreuer verständlicherweise von der Flachwasserfütterung auf Futterfloß umstellen. Die Enten sollen rechtzeitig an einen Futterplatz gewöhnt werden, der für sie auch bei zugefrorener Wasserfläche zugänglich bleibt. Es kann zwar einige Schwierigkeiten bereiten, bei nicht tragender Eisdecke das Getreide auf das Futterfloß zu bringen, aber wenn die Körner schon in der Nähe liegen, finden die Enten sie ohnehin. Andernfalls wird in den Wintermonaten das Futter in dem nicht zufrierenden Bereich des Teicheinlaufes angeboten, wobei wieder die Gründeltiefe zu beachten ist.

In schnellfließenden Bächen oder Flüssen ohne ruhige Uferzone ist das Füttern reine Verschwendung, da sämtliche Futtersorten auf den Grund absinken und in tiefere Regionen abgetrieben werden, in denen sie für die Enten unerreichbar sind.

Ich habe Stockenten zur Nahrungssuche nur dort tauchen sehen, wo sie genau wußten, daß vom Futterfloß auch ein Teil ins Wasser fiel.

Daß die Stockenten auch bei zugefrorener Eisdecke ihren gewohnten Futterplatz aufsuchen, beweist die Nachtaufnahme.

Daß die Wildlebensräume Wald, Wiese und Acker ohne die hegende Hand des Jägers ihre Bewohner nicht mehr mit ausreichender natürlicher Nahrung versorgen können, steht aufgrund der modernen Land- und Forstwirtschaftsmaßnahmen

Auch bei zugefrorener Eisdecke wird die bekannte Fütterung in der Dunkelheit von den Stockenten regelmäßig aufgesucht.

völlig außer Frage. Und deshalb macht der uns noch verbliebene Lebensraum Wasser, der durch Freizeit, Angelsport und Fischerei intensiv genutzt wird, keine Ausnahme. Wenn wir uns das Schild „Heger" auf die Brust hängen wollen, müssen wir dabei genauso an die Enten denken wie an den Hirsch, die Sau und alle anderen Wildarten. Und gerade die wichtige Aufgabe „Fütterung" ist – nach der Biotopverbesserung – bei den meist nahrungsarmen Gewässern das ganze Jahr über der wichtigste Bestandteil der Entenhege.

Regulation der natürlichen Feinde

Der Zuwachs von Enten, Fasanen und Rebhühnern hätte sicherlich höhere Überlebenschancen, wenn sich all die Jäger mit Jagdgelegenheit im Niederwildrevier mehr der speziellen Feinde der Nutzwildarten annehmen würden. Deshalb gehört die Bejagung der Ratten, Hermeline, Iltisse, Marder und Füchse zu den alljährlich wiederkehrenden Hegemaßnahmen. Dort, wo das Landesrecht es zuläßt, kann auch wieder ein Dachs geschossen werden, denn diese Eierfetischisten haben z. B. in Rheinland-Pfalz erfreulicherweise ihre Population so stabilisiert, daß ein behutsamer, selektiver Abschuß zu verantworten ist. Der Bejagung der vorgenannten Arten kann gar nicht genug Bedeutung beigemessen werden, denn gerade in Niederwildrevieren wird von der Möglichkeit der Fallenjagd leider – trotz Rückgang der Hasen, Fasanen und Rebhühner – zu wenig Gebrauch gemacht. Die Falle ist immer noch ein bewährtes Mittel, um das Raubwild und die dem Jagdrecht nicht unterliegenden, ausgesprochen schädlichen Arten wie verwilderte Hauskatze, Marderhund, Waschbär und Bisam wirksam zu bejagen. Wollte man den Arbeitsaufwand, auf die heutigen Revierverhältnisse angewendet, gerecht verteilen, so müßten für die Hegeaufgaben 75 % und für die Nutzwildbejagung 25 % der gesamten Tätigkeit im Revier aufgebracht werden. Die gleiche Aufteilung sollte bei der Entenhege Anwendung finden, damit für die Neuanlage und Gestaltung der Feuchtbiotope, Hege und Feindabwehr genügend Zeit bleibt. Über die Bejagung und den Fang des Raubwildes sind ausgezeichnete Fachbücher von den verschiedensten Autoren im Handel, und deshalb soll hier, mit Ausnahme der für die Entenhege besonders zu empfehlenden Fallentypen, kein seitenfüllendes Thema wiederholt werden.

Bevor aber vom Einsatz der Fallen die Rede ist, soll die absolut unentbehrliche Rattenfutterkiste besprochen werden. Da die Ratten die Reihenfolge der natürlichen Feinde anführen, müssen auch genügend Giftkisten zum Einsatz kommen, damit der außerordentlich häufig auftretenden, sehr schädlichen Nagerpopulation mit Erfolg Einhalt geboten wird. Ob es sich bei den Hegegewässern um Seen, Teiche, Bachläufe oder Flüsse handelt, Ratten gibt es überall. Und da dieses Problem nicht wie Anno 1284 in Hameln gelöst werden kann, kommen wir um die Giftanwendung nicht herum.

Je nach Annahme sind die Kisten alle paar Wochen zu kontrollieren und eventuell neu zu beschicken. Die Fertigköder, in der Regel sind es kumarin- oder waffarinhaltige Haferflocken mit der Bezeichnung „Brumolin, Cumarax, Raviac oder Ratac", verhindern die Blutgerinnung so, daß Ratten nach einer oder mehrmaliger Aufnahme – ohne ihre Artgenossen zu warnen – innerlich verbluten. Diese Methode entspricht sicherlich nicht immer der Vorstellung der jagdlichen Ethik, ist aber mit Sicherheit die einzige Möglichkeit, das Rattenproblem in den Griff zu bekommen. Bei richtiger Bauweise und Anwendung der Kisten sind Vergiftungen bei anderen Tierarten so gut wie ausgeschlossen. Deshalb darf auch das Einlaufloch unter keinen Umständen größer als 5 x 5 cm sein. Besonders wichtig ist das feinmaschige Drahtgitter, denn ich habe bei Kisten ohne diesen Laufrost immer wieder beobachtet, daß die Ratten mit ihren nassen Läufen das Gift auch außerhalb der Kiste tragen.

Der Vorratsbehälter muß auf der Innenseite (siehe Zeichnung) bis oben an den Deckel heranreichen, damit es den Ratten nicht möglich ist, auf dem eingestreuten Futter herumzulaufen. Die Futterkiste wird mit einem Vorhängeschloß und der Aufschrift „Gift" versehen. Diese Schutzmaßnahme ist von der

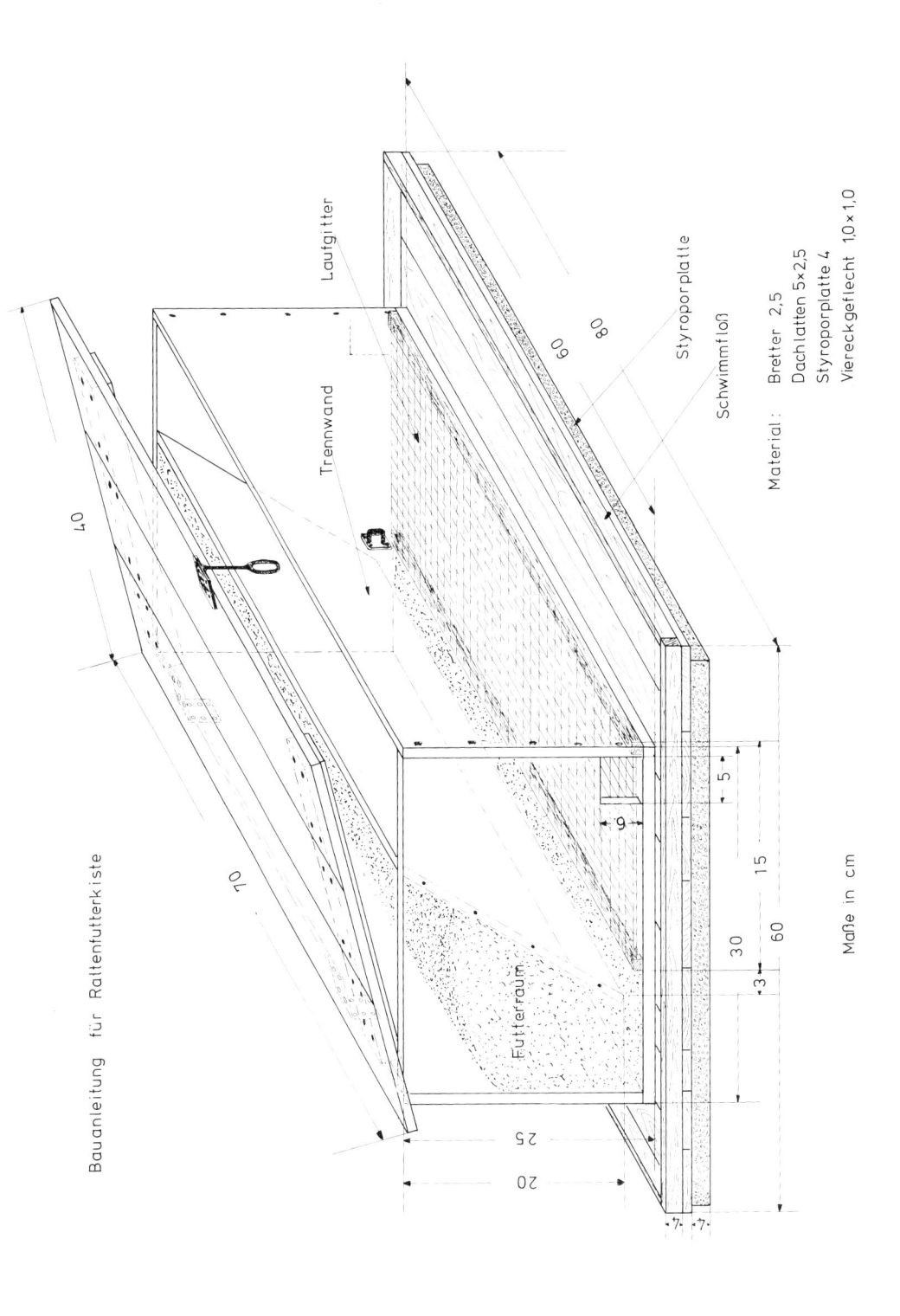

Bauanleitung für Rattenfutterkiste

Material:
Bretter 2,5
Dachlatten 5×2,5
Styroporplatte 4
Viereckgeflecht 1,0×1,0

Maße in cm

Lautgitter
Trennwand
Styroporplatte
Schwimmfloß
Futterraum

Die am Uferrand aufgestellte Rattengiftkiste kann mit einer Verblendmatte aus dem Material der Umgebung optimal getarnt werden.

Landw. Berufsgenossenschaft Rheinland vorgeschrieben (UVV 4.5 § 5 (2) S. 1) und soll Unfälle, zum Beispiel mit Kindern, ausschließen. Abgesehen von der Schädlichkeit des Rattengiftes für kleinere Tierarten hat nachweislich beim Landesjagdverband Rheinland-Pfalz in Gensingen ein Pony den gesamten Inhalt einer neu aufgefüllten Brumolinkiste leergefressen, ohne auch nur den geringsten Schaden zu nehmen. Außerdem wird von manchen Herstellern – wenn das Präparat von anderen Tieren außer Ratten und Mäusen aufgenommen wird – völlige Unbedenklichkeit garantiert.

Entscheidend für den Erfolg beim Einsatz der Rattenfutterkiste ist letztlich der richtige Standort am Wasser. In der Regel sind die ausgetretenen Pässe der Ratten ganz deutlich am Ufer zu sehen. Sollten sich aus Gründen der Uferbeschaffenheit die Pässe nicht so deutlich zeigen – z. B. wegen zu dichtem Bewuchs, Kiesstrand oder nur gestreutem Rattenvorkommen –, bleibt die Uferlinie auf jeden Fall der richtige Standort. Die Annahme des Futters wird besonders begünstigt, wenn die Kisten so aufgestellt werden, daß die Pässe direkt in die Eingänge hineinlaufen. Um die Vorratsbehälter vor Unbefugten oder gar Diebstahl zu schützen, ist ein Verblenden mit Reisig- oder Grassoden empfehlenswert, wobei eine unauffällige Tarnfarbe des Holzes zusätzlich sinnvoll erscheint.

Eine zielsichere Anwendung des Giftes ist immer dort in Frage gestellt, wo der Wasserstand – besonders im Frühjahr, Herbst oder nach lang andauernden Regenfällen – steigt oder fällt. Um hier die Ratten trotzdem wirksam bekämpfen zu können, stellt man die Kisten zweckmäßigerweise auf flache Schwimmflöße, die auf der Unterseite mit Styropor benagelt werden und gegen Wegschwimmen zusätzlich mit Draht gesichert sind. Das auf diese Weise in der flachen Schilfzone ausgelegte Rattenfutter variiert mit dem Wasserstand und kann so bei Überschwemmungen niemals in die Gewässer gelangen. An flach auslaufenden und sumpfigen Ufern sollten die Kisten ebenfalls auf Schwimmflöße gestellt werden.

Der Bisam (Ondrata zibethica) stammt aus Nordamerika und nachdem er kurz nach 1900 in der Nähe von Prag ausgesetzt wurde, hat er sich rasend schnell über weite Teile Mitteleuropas ausgebreitet. Seine Schädlichkeit wird nicht nur durch das Unterwühlen wichtiger Dämme und Uferböschungen deutlich, sondern schwerwiegende Schäden treten besonders auch durch seine vegetarische Ernährungsweise auf. Daß die Bepflanzung eines neu angelegten oder renaturierten Teiches durch Bisamfraß völlig zerstört werden kann, steht außer Frage. Bei stärkerem Besatz kann es so weit kommen, daß die Flachwasservegetation eines mittleren Natursees innerhalb weniger Jahre bis auf ein paar Pflanzenarten vernichtet wird.

Der Bisam gehört zur Unterfamilie der Wühlmäuse und wird im Volksmund fälschlicherweise als Ratte bezeichnet.

Beide Arten, Bisam und Höckerschwan, gehören zu den indirekten Feinden der Enten, da sie innerhalb kurzer Zeit die Teichbepflanzung zerstören.

Eine sehr sinnvolle Einrichtung – gerade an den neu angelegten Gewässern – ist der im Fallenbuch von Günter Claussen beschriebene Bisamkunstbau. Sicherlich lassen sich beim Bisamfang mit den dafür speziell gebauten Fallen, z. B. vor dem Baueingang unter Wasser oder auf dem Paß, hervorragende Fangergebnisse erzielen. Aber der richtig eingebaute Kunstbau hat seine besonderen Vorzüge. Ein großer Vorteil besteht schon einmal darin, daß sich im Kunstbau ausschließlich Bisame fangen und nicht, wie hin und wieder in freistehenden Fallen, auch Teichhühner, Fasanen, Kaninchen oder Drosseln, die von dem begehrten Apfelköder angelockt werden.

Da der Bisam – vor allem der im Frühjahr neu hinzugewanderte – lieber einen fertigen Bau bezieht als sich selbst einen zu graben, ist die Annahmefreudigkeit des Kunstbaues und damit auch der Fangerfolg entsprechend gut. Hinzu kommt die nicht zu unterschätzende Gewißheit, daß frisch ausgelegte und angenommene Köder im Bunker mit Sicherheit auf Bisam oder Schermaus hinweisen. Somit wird ein gezielter Fang – natürlich durch regelmäßige Kontrollen – auch den unerfahrenen Jägern erleichtert. Des weiteren habe ich noch nie gehört, daß im Kunstbau der begehrte Balg des Bisam durch Wanderrattenfraß beschädigt war. Allein das Vorhandensein einiger Kunstbaue, je nach Größe des Gewässers, machen eine mühelose und kontinuierliche Regulierung dieser schädlichen Pflanzenfresser möglich. Aufgrund der Tatsache, daß sich der Bau in jedem Gelände tarnen läßt, ist ein Diebstahl der Falle und auch sonstige Störungen Unbefugter so gut wie ausgeschlossen. Die Zeichnung gibt einen Überblick vom Einbau eines Bisamkunstbaues am Gewässerrand mit einer fängisch gestellten Köderfalle.

Nach Abschluß der Verlege- und Maurerarbeiten wird der Gra-

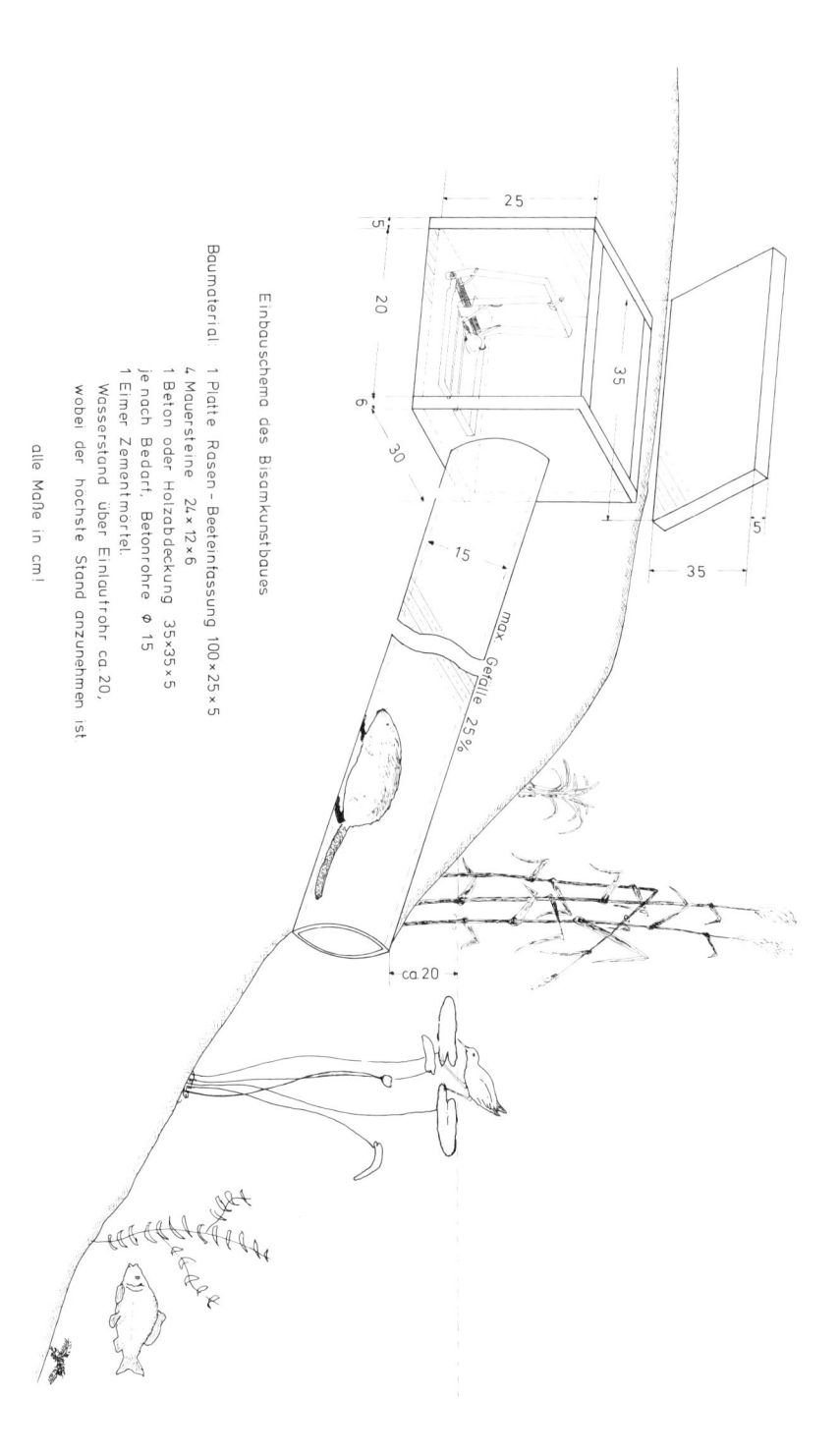

Einbauschema des Bisamkunstbaues

Baumaterial: 1 Platte Rasen-Beeteinfassung 100×25×5
4 Mauersteine 24×12×6
1 Beton oder Holzabdeckung 35×35×5
je nach Bedarf, Betonrohre ⌀ 15
1 Eimer Zementmörtel.
Wasserstand über Einlaufrohr ca. 20,
wobei der höchste Stand anzunehmen ist

alle Maße in cm!

Die Betonrohre werden mit max. 25 % Gefälle in die Uferböschung bis zum Kessel hin verlegt und die Fugen mit Mörtel abgedeckt.

Die spezielle Bisamfalle im Kessel wird regelmäßig kontrolliert und am besten mit Äpfeln, Karotten und Topinambur beködert.

ben wieder zugeschüttet und die ausgehobene Grasnarbe so plaziert, daß bei der heranwachsenden Vegetation der Deckel des Kunstbaues nicht mehr zu sehen ist. Um einen guten Fangerfolg zu erreichen, muß der Röhreneingang bei Tiefwasser immer noch unter der Oberfläche bleiben.

Warum die Rabenvögel durch die EG seit dem 1.1.1987 unter Schutz gestellt wurden, wird wohl dem sachverständigen Naturbeobachter ein Rätsel bleiben. In kompetenten Fachkreisen ist man sich darüber einig, daß Krähen, Eichelhäher und ganz besonders Elstern an den Gelegen und Nestlingen sämtlicher Vogelarten enormen Schaden anrichten. In erster Linie, in den Frühjahrsmonaten März–April, sind die Gelege der Enten durch Vegetations- und Deckungsarmut den Eierliebhabern „Rabenvögel" ausgesetzt.

Wie kann ein artenreicher Wildbestand herangehegt (§ 1 BJG) und das Wild vor seinen Feinden ausreichend geschützt werden (§ 23 BJG), wenn genau die natürlichen Feinde unter Schutz stehen, die bei den Niederwildarten einen großen Beuteanteil decken? Zudem werden die Krähen, Elstern und Eichelhäher, die in keiner Weise – und schon gar nicht durch die Jagd – in ihrem Bestand bedroht sind, derartig zunehmen, daß besonders geschützte Arten – vom Goldregenpfeifer bis zur Rohrdommel – bald gänzlich von der Bildfläche verschwinden.

All die „Fachleute", die krampfhaft versuchen, Tierarten, die in ihrem Bestand überhaupt nicht bedroht sind, aber dazu beitragen, daß einzelne Arten ganz verschwinden, auch noch ganzjährig zu schützen, sollten einmal Erfahrung vor Ort sammeln. Zu diesen Erfahrungen zählen in erster Linie die Kenntnis über tatsächliche Bestandszahlen oder eine Exkursion in ein Feldgehölz zur Brutzeit, in dem sich z. B. durch die Versorgung einer einzigen Elsternbrut unzählige Singvogeltragödien ereignen. Die Rabenvögel müßten auch in Zukunft, aus Gründen der Erhaltung bedrohter Arten, reguliert werden.

Da einige Bundesländer wieder Ausnahmegenehmigungen erteilen, werden hier auch erfolgversprechende Bejagungsmethoden aufgezeigt.

Die alte, aber immer noch umstrittene Methode die „Horste auszuschießen", ist nicht nur als unwaidgerecht zu bezeichnen, sondern weist auf die Unfähigkeit hin, die Rabenvögel fachgerecht zu bejagen. Sicher gibt es stadtnahe und überlaufene Revierteile, in denen es sehr schlecht gelingt – außer mit der Flinte –, die Schädlingspopulation zu verringern. Aber auch hier sollte der Schuß auf ein Krähen- oder Elsternnest die einzige Ausnahme bleiben, und auch nur dann, wenn es sich um ein neugebautes Nest handelt. Abgesehen vom fragwürdigen Erfolg dieser Methode werden außerdem noch Turmfalken und Waldohreulen abgeschossen, denn dem noch nicht so erfahrenen Jäger fällt es oft schwer – gerade auf hohen Bäumen –, ein neues von einem alten Nest zu unterscheiden. Darüber hinaus bleibt der Schrotschuß – selbst mit den dicksten Kalibern – auf ein 20 oder 30 m hoch stehendes Nest der Krähen oder Elstern durch den starken Nestlehmboden unwirksam. Wird gegen jede Vernunft auch noch mit einem Flintenlaufgeschoß oder sogar einer Kugel geschossen, kann niemand sicher sein, daß der kompakte Teil nicht doch irgendwo ungewollten Schaden anrichtet. Für die echte Niederwildhege lassen sich außer Flinte und Büchse eine Reihe anderer Mittel in Einsatz bringen, wie z. B. die im Teichgrundriß vorgesehenen Fangeinrichtungen.

Da in dem zur Verfügung stehenden Fallenangebot außer dem

„Nordischen Krähenfang" keine Falle zu finden ist, die bei den genannten Rabenvogelarten einen befriedigenden Erfolg liefert, habe ich eine Falle entwickelt, die bei der Ausstellung „Wildtier und Umwelt" 1986 in Nürnberg reges Interesse fand. Vornehmlich die Berufsjäger bestätigten, daß es sich bei dieser Dreiecksfalle mit dem völlig neuen und wirkungsvollen Auslösemechanismus um ein einfaches, aber erfolgversprechendes Fanggerät handelt. Da die Krähen und Elstern in den ortsnahen Revierteilen mit der Waffe nur schwer oder überhaupt nicht zu bejagen sind, kann nur eine sicher fangende Falle den notwendigen Erfolg bringen. Diese neukonzipierte Elsternfalle läßt sich wegen ihrer sehr guten Fangergebnisse mit dem „Nordischen Krähenfang" vergleichen, der aber wegen seiner Größe und aufwendigen Bauweise nur viel auffälliger und damit schwieriger aufgestellt werden kann. Hinzu kommt das Problem, daß sich darin hin und wieder Greifvögel fangen.

Ein Revierbetreuer benötigt für die Herstellung der Falle ca. eine Arbeitsstunde, vorausgesetzt, das nötige Baumaterial liegt bereit. Der Erfolgsquote wegen sollten gleich 3-4 Fallen dieses Typs pro 100 ha Niederwildrevier gebaut und in Einsatz gebracht werden. Die besten Fangplätze sind vor allem unter einzeln stehenden Bäumen, an Heckenrändern und auf Lichtungen in Feldholzinseln. Wichtig ist, daß die Falle drei etwa 20 cm hohe Beine bekommt, sonst wird sie von allen Tierarten, die am Boden herumkriechen, z. B. Mäusen oder Igeln, ausgelöst.

Die Reihenfolge der Bauanleitung sollte Beachtung finden, damit der Arbeitsaufwand so gering wie möglich gehalten werden kann. Zuerst die 85er Rundhölzer schneiden, dann ebenfalls die anderen beiden Längen gerade abschneiden und zuletzt einmal 60° anhalten. Längs des Holzes einen Strich auf dem Kreissägetisch ziehen und alle schrägen Enden nach diesem Strich absägen. So wird Zeit gespart und die Hölzer haben am Ende die richtig angegebene Länge.

Für den weiteren Bau nagelt man die drei verschieden langen Hölzer so zusammen, daß – etwa Mitte Rundholz gemessen – ein gleichschenkliges Dreieck entsteht. Als nächstes werden die beiden Fallenteile mit plastikbeschichtetem Kükendraht, Maschenweite 35 mm, jeweils auf der Ober- und Unterseite benagelt. Der ummantelte Draht verhindert Wachshautverletzungen am Schnabel der gefangenen Eierräuber und paßt sich farblich der Umgebung im Revier besser an. Anschließend werden an das Unterteil die drei 20 cm langen Beine mit 130er Nägeln befestigt. Nun bindet man mit Angelschnur die Astgabel an zwei ins rückseitige Holz des Unterteils gedrehten Ringschrauben mit einer Schlaufe fest. Beim Verknoten der Angelschnur empfiehlt es sich, die Enden mit dem Feuerzeug etwas anzubrennen und das halbflüssige Plastik mit nassen Fingern so zu formen, daß ein selbständiges Öffnen des Knotens unmöglich wird. Die Astgabel soll zu den beiden Außenhölzern rechts und links den gleichen Abstand haben, damit ein sicherer Fang gewährleistet ist. Die dritte Ringschraube wird in das dicke Ende der Astgabel so gedreht, daß diese nachher von dem abgekniffenen Nagel der Stellzunge in der Schwebe gehalten werden kann. Danach bohrt man quer durch das Holz im unteren Drittel der beiden Schenkel des Oberteils jeweils ein Loch, damit die durchgezogene und mit zwei Knebeln aus Haselrute arretierte Kunststoffschnur (Bindegarn) im 90°-Winkel zur Ringschraube an der Astgabel liegt. Jetzt wird von der Haselrute ein 22 cm langes Stück abgeschnitten und in das eine Ende ein dünner Nagel gesteckt, dessen Kopf mit der Zange abgekniffen wird. An die Nagelseite bindet man wieder das Stück Angelschnur, an deren Ende sich das 20 cm lange Stellholz befindet. Am Rundholz des Unterteils, dort, wo das

Krähen, Elstern u. Eichelhäherfang

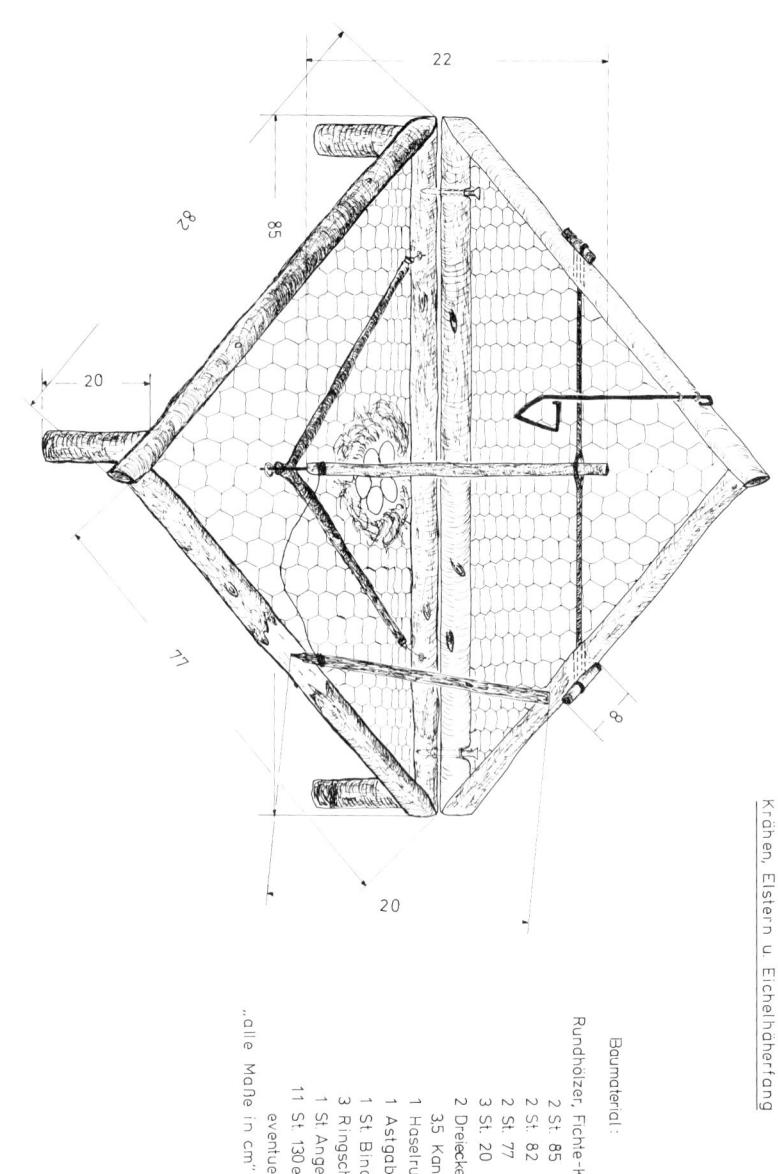

Baumaterial:
Rundhölzer, Fichte-Kiefer ø 6-8
  2 St. 85
  2 St. 82
  2 St. 77
  3 St. 20
2 Dreiecke Kückendraht, Maschenweite
  3,5 Kantenlänge 80
1 Haselrute ø 1,5 ca 60 lang
1 Astgabel, Schenkellänge 40
1 St. Bindegarn (Kunststoff) 100
3 Ringschrauben ø 1,0
1 St Angelschnur ca 100 lang
11 St. 130er Nägel u einige Krampen
  eventuell Draht für Sicherung

„alle Maße in cm"

Stellholz später die Falle offen hält, muß die Rinde mit einem Messer etwas weggeschält werden, um ein leichteres Auslösen zu ermöglichen. Danach steckt man die Stellzunge zwischen die beiden Schnüre im Oberteil und spannt diese so, daß beim Stellen der abgekniffene Nagel die Astgabel von selbst in der Schwebe hält. So bekommt die Stellzunge die erforderliche Kraft, um beim Auslösen das Stellholz blitzschnell wegzureißen. Anschließend werden zwei dicke Langlöcher in das obere Rundholz gebohrt und mit zwei 130er Nägeln deckungsgleich auf das Unterteil genagelt. Aber mit soviel Spielraum, daß die beiden Spitzen der Falle beim Fängischstellen ca. 30 cm Abstand haben.

Wer glaubt, das Oberteil seiner Falle sei nicht schwer genug, um eine Krähe gefangen zu halten, der kann zusätzlich mit einem Stück Bindedraht eine einfache Sicherung anbringen (siehe Zeichnung). Draußen im Revier legt man dann in die Mitte der Astgabel auf eine Handvoll trockenen Grases ein paar kleine Hühnereier, weil diese als Frühjahrsköder sehr gut geeignet sind. Ich habe mit den drei erstgebauten dieses Fallentyps und Fasaneneiern aus der Voliere innerhalb zwei Wochen 3 Rabenkrähen und 8 Elstern gefangen.

Abschließend möchte ich darauf hinweisen, daß die beschriebene Falle das ganze Jahr über gute Fangerfolge mit den jeweils auf die Jahreszeit abgestimmten Ködern liefert, wobei die gesetzliche Brutzeit vom 1. 5.–15. 7. und die Länderbestimmungen beachtet werden müssen. Außerdem kann die Falle innerhalb der 200 m-Grenze von menschlichen Ansiedlungen eingesetzt werden, da es sich um eine lebend- und völlig unversehrt fangende Falle handelt.

Eine tägliche Kontrolle, möglichst am späten Nachmittag, ist aus Gründen des Erfolges und des Tierschutzes unumgänglich.

In den Monaten Februar bis März, in denen die heranstreichenden Elstern gegen den Abendhimmel gut abheben, ist auch eine erfolgversprechende Bejagung mit der Flinte möglich. Nicht nur aus Gründen der Treffsicherheit sollten die Elstern in den kahlen Hecken des Vorfrühlings bejagt werden. Vielmehr auch, weil in dieser Jahreszeit die schwarz-weißen Eierdiebe noch in Wintergemeinschaften zusammen in der Abenddämmerung die Schlafhecke anfliegen, bevor die Paare im April ihre Brutgebiete getrennt wieder aufsuchen.

Nach einigen Beobachtungsgängen durch das abendliche Revier hat der Jäger bald die Hecke ausfindig gemacht, in der sich – meist nacheinander – die Elstern einfinden. In dieser Hecke wird bei günstiger Schußentfernung ein Schirm gebaut, da es bei dieser Jagdart besonders wichtig ist, daß man gedeckt sitzt. Der Erfolg wird außerdem noch zusätzlich unterstützt, wenn ein Abend abgewartet wird, an dem ein kräftiger Wind aus der Richtung weht, aus der die Elstern erfahrungsgemäß heranstreichen. Durch den Wind wird der Mündungsknall von den nachfolgenden Elstern weggetragen, so daß diese nicht frühzeitig vergrämt werden.

Die seltene, aber für den Vogelschutz und die Niederwildhege sicherlich positive Strecke von 16 Stück gelang mir aus einem Schirm heraus in der Dämmerung Ende März in 45 Minuten.

Auch nach der gesetzlichen Schonzeit kann in der Abenddämmerung überall im Revier so manche Elster erlegt werden, aber die dichte Belaubung verhindert dann meistens den sicheren Schuß.

Diese neuartige Falle mit simuliertem Gelege fängt besonders gut die Rabenvogelarten wie z. B. Elstern und Rabenkrähen.

Eine sehr gut fangende und ebenso leicht zu bauende Falle ist die sicherlich dem Jäger bekannte Scherenfalle, die in keinem Niederwildrevier und schon gar nicht am Gewässerrand fehlen sollte. Sie läßt sich überall am Ufer einbauen und verblenden, besonders dort, wo Büsche und Sträucher bis an die Wasserlinie heranreichen. Aber auch in Uferregionen, die nur mit hohem Gras bewachsen sind, kann die Scherenfalle mit einer Matte aus Drahtgeflecht und Verblendmaterial aus der nahen Umgebung optimal getarnt werden. Da der Maschendraht, der die Falle von vorne abschirmt und die nach den Seiten extrem verschiebbare Tretleiste doch hin und wieder zu Fehlfängen geführt haben, habe ich die herkömmliche Stellung verbessert. Die Zeichnung zeigt, daß die neu konzipierte Stellung gegenüber der traditionellen wesentliche Vorteile bietet und keinen größeren Material- und Arbeitsaufwand erfordert. Im Gegenteil, die Maschendrahtverkleidungen am Vorderteil oder die senkrecht eingeschlagenen Hölzer werden überflüssig. Wird dann

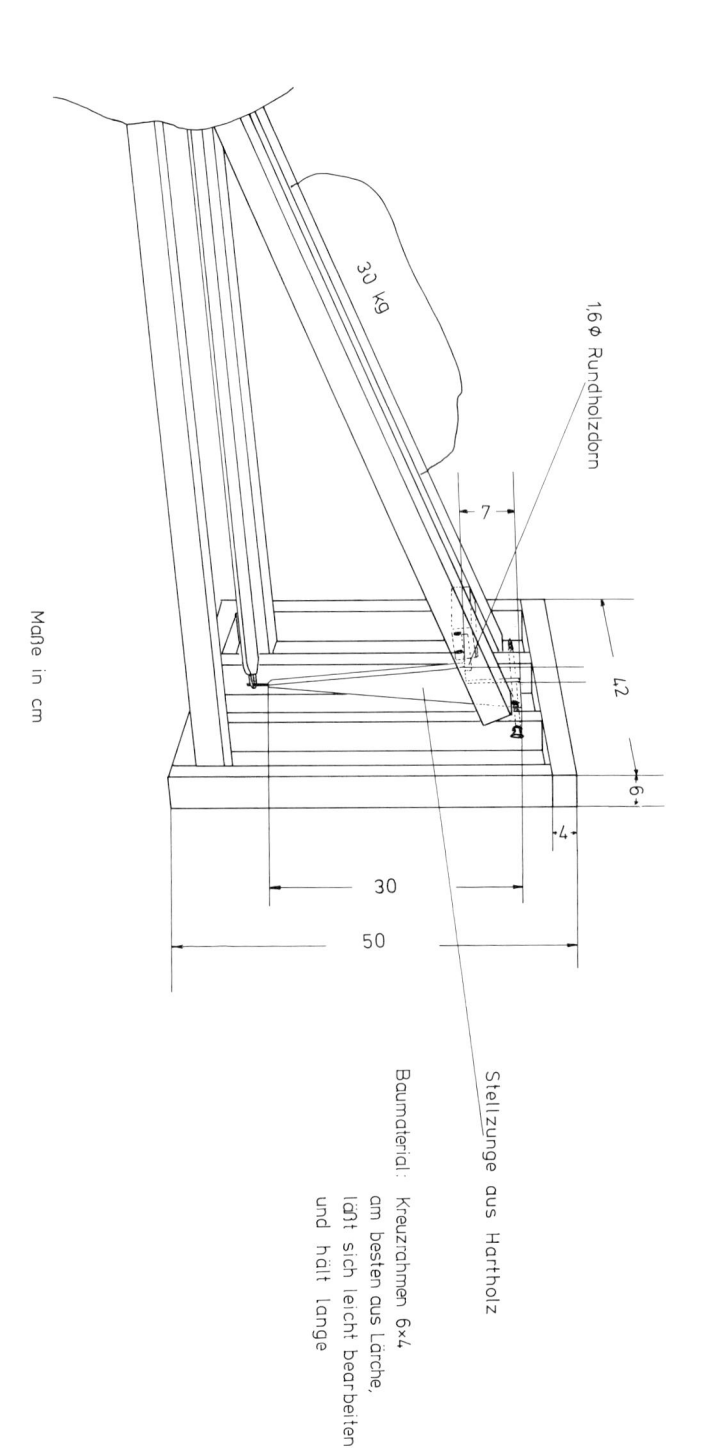

Bauanleitung, Scherenfalle mit Abzugsstellung

30 kg

1,6 Ø Rundholzdorn

Stellzunge aus Hartholz

Baumaterial: Kreuzrahmen 6×4 am besten aus Lärche, läßt sich leicht bearbeiten und hält lange

Maße in cm

Die weiterentwickelte Scherenfalle mit Hartholzstellung, Sicherung und nicht zur Seite verschiebbarer Tretleiste.

beim Bau der Dorn im Querholz des Oberteils so weit eingeschlagen, daß er nur 2–3 mm auf der Ausnehmung der Hartholzstellzunge aufliegt, erreicht man eine abzugseisenartige Feineinstellung. Durch das blitzschnelle Zuschlagen muß – um Verletzungen vorzubeugen – eine seitliche Sicherung angebracht werden, die auch die Handhabung der Falle ungefährlich macht; siehe Abbildung.

Die beiden senkrecht eingenagelten Hölzer, die der Stellzunge als Schaukelpfosten dienen, müssen ca. 0,5–1 cm nach hinten überstehen, um der Sicherung ein Gegenlager zu bieten. Wird die fängisch gestellte Falle vom Raubwild ausgelöst, braucht der Nagel, den die Krampe freigibt, nur ca. 4–5 cm nach vorne zu schnellen und die Hölzer schlagen zusammen. Die Spitze der Tretleiste mit der Krampe muß 1–2 cm zwischen die Mittelhölzer reichen, damit das Raubwild beim Angeln nach dem Köder die Leiste seitlich nicht verschieben kann und der

Mechanismus erst dann ausgelöst wird, wenn sich Katze, Marder oder Iltis mit den Schultern in der Falle befinden.

Bei der Raubwildbejagung, ohne die eine erfolgreiche Niederwildhege nicht denkbar ist, bringt – außer der Fallenjagd – die Bejagungsmöglichkeit mit der Waffe im Winter gerade im und am Feuchtgebiet besondere Reize mit sich. Die deckungsreiche, mit Sträuchern und Schilf bewachsene Uferzone bietet allen Beutetieren des Haarraubwildes – besonders an Wasserflächen, die weit draußen liegen – Lebensraum und Nachtquartier. Der passionierte Raubwildjäger hat im Winter bestimmt auffallend regelmäßig Fuchs, Marder und vor allem den Iltis bei Neuschnee in Wassernähe bestätigt. An Gewässern, die auch bei stärkerem Frost offenes Wasser führen und deshalb ständig von Wasserwild beflogen werden, stellen sich – bei entsprechender Notzeitfütterung – ohnehin jeden Abend Enten ein und somit in regelmäßigen Abständen auch Reineke, Marder und Iltis.

Am günstigsten stellt sich die Situation dar, wenn ein Drittel des Teiches oder Sees im Bereich des Zuflusses offen bleibt und der Rest als tragende Eisdecke zufriert. Die zugeschneite Eisfläche bietet den kältetrotzenden Raubwildjägern eine denkbar ebene und optimal überschaubare Bejagungsfläche. Selbst bei nur geringem Schneefall, wenn überall auf den Äckern und Wiesen ohne Mond noch kein Fuchs zu erkennen ist, hat man am Teich schon eine gute Chance. Vorausgesetzt, das Eis hält sich einige Zeit und wird vom Raubwild zum Abrevidieren der Schilfzone überquert.

Hierzu baut man sich besser schon im Herbst, unter Berücksichtigung der Hauptwindrichtung, eine Ansitzmöglichkeit in Ufernähe. Am zweckmäßigsten wäre eine etwa 3–4 Meter hohe

Leiter in einen Weidenbusch gestellt und mit Schilfrohr auf dem Dach und an den Seiten verblendet. Auf einem erhöhten Platz sitzt man am Wasser immer sicherer, weil hinter der Schilfkante der Wind in den meisten Fällen küselt. Am besten steht die Leiter an der Südostseite des Wassers, denn hier hat man den großen Vorteil, nicht gegen das Licht bei Vollmond schießen zu müssen.

Die Ansitzleiter soll aber auch nicht höher sein als das Weidengebüsch am Ufer. Einmal, um sie nicht weithin sichtbar aus dem Bestand herausragen zu lassen und zum andern, daß man selbst gegen Sicht gut gedeckt sitzt. Bei einem schlecht getarnten Ansitz kann z. B. das Herumschwenken mit der Waffe gegen die helle Winternacht vom Fuchs eräugt werden. So mancher Jäger wird vielleicht fragen, warum nicht gleich eine geschlossene, windsichere Kanzel bauen, darin läßt sich länger bei Frost und Schnee aushalten und einen Ofen könnte man auch eventuell mitnehmen. Aber eine auffällige Kanzel würde in einem neuentstandenen Feuchtgebiet gleich wieder von der Öffentlichkeit mißverstanden werden, und ein Jäger, der auf den Fuchs paßt, muß mindestens nach drei Seiten alles sehen und hören können und das geht eben nur auf einem offenen Ansitz.

Natürlich sollte auch auf dem Eis an einer festgelegten Stelle immer ein guter Köderbrocken ausgelegt werden, z. B. Teile von Fischen, Enten oder Bläßhühnern, die man aber gegen Greife und Rabenvögel gegen Sicht von oben verblendet. Die ausgelegten Brocken dürfen zweckmäßigerweise nur so groß sein, daß das Raubwild eben nur bei Laune gehalten wird, große Köder dagegen werden vom Fuchs in die nächste Deckung geschleppt und dort in Raten verzehrt.

Wer dann im Januar nach Frost und Schneefall gegen Abend

unruhig wird, der sollte zusätzlich in Nähe des Luderplatzes auf dem Eis eine Entenschleppe enden lassen und sich dann ab 20 Uhr mit einer kombinierten Waffe (Schrot und kleine Kugel) und geräuscharmer Kälteschutzkleidung ansetzen. Einen guten Balg versprechen in erster Linie solche Nächte, in denen die Füchse ranzen oder langsam Tauwetter einsetzt.

Krankheiten der Stockenten

Die wohl bedeutendste Wassergeflügelseuche – besonders dort, wo die Gewässer durchgehend flach und schlammig sind – ist der von Justinus Kerner 1817 entdeckte Botulismus. In welchen beträchtlichen Ausmaßen diese Vergiftung bei den Wasservögeln auftreten kann, haben 1973 Beispiele aus dem Ismaninger Teichgebiet und 1981 aus der nordbadischen Wagbachniederung gezeigt. In der warmen Jahreszeit starben hier Hunderte Enten, Bläß- und Teichhühner und selbst bei den Beutegreifern gab es Verluste durch Botulismus-Toxin. Nach Dr. A. von Braunschweig verläuft diese ernstzunehmende Wassergeflügelseuche folgendermaßen ab:

Die großen, sporentragenden Stäbchenbakterien gedeihen besonders gut im anaeroben Milieu, das heißt in faulendem, organischem Material. Unter Sauerstoffabschluß bilden die Bakterien das auf die Nervenendigungen der Muskulatur besonders wirkungsvolle Gift Ektotoxin. Beim Menschen spielen vor allem Konserven und bei Tieren verdorbene Silage oder Industriefutter eine wichtige Rolle, weil in Konserven und Fertigfutter Sauerstoffmangel herrscht und die Aufbewahrung bei höheren Temperaturen stattfindet. Außerdem sind die Bakterien (Clostridium botulinum) besonders widerstandsfähig gegen Hitze, sie können 2–3 Stunden Kochzeit überstehen.

Die Vergiftung stellt sich in Seh-, Schluck-, Atembeschwerden, starken Bewegungsstörungen, unnormalen Bewegungen und Lähmungen dar. Clostridium botulinum kommt überall im Boden vor und darum ist es für die Vermeidung von Vergiftungen besonders wichtig, das Zusammentreffen von Wärme, Sauerstoffmangel und Fäulnis zu verhindern. Fällt nur eine die-

Auf überbesetzten, sommerlichen Rast- und Mausergewässern ist bei vorkommenden Kadavern zuerst an Botulismus zu denken.

ser Bedingungen aus, sind der Vermehrung des Botulismuserregers enge Grenzen gesetzt. Deshalb gilt es bei der Neuplanung von Feuchtgebieten und Kleingewässern, durch Maßnahmen der Gestaltung, den Botulismus als gefürchtete Wassergeflügelseuche mit einzubeziehen. Die Gewässer sollten entweder eine genügende Frischwasserzufuhr haben oder eine ausreichende Tiefe von mind. 1 m aufweisen, damit im Sommer die Wassertemperaturen nicht längere Zeit über + 20° C bleiben. Es ist zu bedenken, daß Botulismus für Mensch und Tier sehr gefährlich ist und hohe Todesraten mit sich bringen kann. Da die Bakterien auch im Darm der Wasservögel vorkommen und ein Freiwerden erst nach deren Verenden zustande kommt, besteht für die Enten die Gefahr, daß sie beim Gründeln Kadaverreste mit aufnehmen und sich auf diese Weise infizieren. Deshalb wird ein unschädliches Beseitigen aller Tierkadaver im und am Wasser zur wichtigen vorbeugenden Abwehrmaßnahme.

Was der Gesetzgeber mit „unschädlicher Beseitigung" meint, wird hier in einem Auszug aus dem Tierkörperbeseitigungsgesetz vom 2. 9. 1975 (BGBl. 1 S. 2313) wiedergegeben:

§ 3 Grundsatz
(1) Tierkörper, Tierkörperteile und Erzeugnisse sind so zu beseitigen, daß

1. die Gesundheit von Mensch und Tier nicht durch Erreger übertragbarer Krankheiten oder toxische Stoffe gefährdet ist.

§ 5 (1) In Tierkörperbeseitigungsanstalten sind zu beseitigen:

1. Körper von Einhufern, Klauentieren, Hunden, Katzen, Geflügel, Kaninchen und Edelpelztieren, die sich im Haus, Betrieb oder sonst im Besitz des Menschen befinden.

2. Körper von Tieren, die in zoologischen Gärten oder ähnlichen Einrichtungen sowie Tierhandlungen gehalten werden.

3. herrenlose Tierkörper der in Nr. 1 genannten Tierarten, ausgenommen solche von freilebendem Wild.

Dies gilt auch für Körper anderer Tiere, einschließlich solcher von freilebendem Wild, soweit es zur Wahrung des Grundsatzes des § 3 erforderlich ist und die zuständige Behörde dies anordnet.

Dann weiter § 5 (2):

(1) 1. „Dies gilt nicht für einzelne Körper von Hunden und Kat-

zen, Ferkeln und Kaninchen, unter 4 Wochen alten Schaf- und Ziegenlämmern sowie einzelne Körper von Geflügel oder in Tierhandlungen gehaltenen Kleintieren und Vögeln, die auf geeigneten, von der zuständigen Behörde hierfür besonders zugelassenen Plätzen oder auf einem Gelände, jedoch **nicht** in Wasserschutzgebieten und nicht in unmittelbarer Nähe öffentlicher Wege und Plätze, vergraben oder in zugelassenen Abfallbeseitigungsanlagen verbrannt werden. Die Tierkörper müssen so vergraben werden, daß sie mit einer ausreichenden, mind. 50 cm starken Erdschicht, gemessen vom Rande der Grube an, bedeckt sind."

Bei einer geringen Anzahl von Kadavern, die in Zeitabständen von mehreren Tagen gefunden werden, genügt ein Vergraben an unbedenklichen Plätzen im Revier unter Beachtung der gesetzlichen Mindesttiefe, wobei größere Mengen unbedingt in den Körperbeseitigungsanstalten verbrannt werden müssen.

Überall dort, wo die Gewässer als Kühlwasserbecken der Kraftwerke dienen oder sonst erwärmtes Industriewasser aufnehmen, also eine überdurchschnittlich erhöhte Wassertemperatur das ganze Jahr über aufweisen, ist bei anfallenden verendeten Wasservögeln verstärkt an Botulismus zu denken. Die Symptome der ausgebrochenen Seuche können leicht mit anderen Krankheiten verwechselt werden, weil das Toxin durch eine histologische oder pathologisch-anatomische Untersuchung nicht nachgewiesen werden kann und die genaue Feststellung erst über den Tierversuch möglich ist. Die gleiche Gefährdung besteht bei langsam fließenden und stehenden Wasserflächen, die wegen ihrer geringen Tiefe im Sommer – besonders bei langanhaltenden Schönwetterperioden – längere Zeit auf eine Temperatur von über + 20° C ansteigen. Vorwiegend bei großen Flachgewässern, die durch Autobahnbau und Bodennutzung entstanden und für mehrere Entenarten – auch für die Stockenten – zu Mauserplätzen geworden sind, besteht erhöhte Gefahr durch Botulismus. Feuchtgebiete, die in der Nähe solcher Teiche und Seen liegen und bei denen aufgrund von Massensterben Botulinum-Toxin nachgewiesen wurde, sind regelmäßig nach verendeten Tieren abzusuchen, um ein Übergreifen auf andere Lebensräume möglichst auszuschalten. Jede Störung der Wasservögel an Feuchtgebieten mit Botulismus-Verseuchung und hiermit ein Verstreichen der Enten muß unter allen Umständen vermieden werden, damit sich die Bakterien nicht durch menschliches Fehlverhalten in anderen Gewässern massenhaft vermehren. Dort, wo ein Sterben durch Botulismus vorgekommen ist, muß in den Folgejahren mit dieser Seuche weiterhin gerechnet werden.

In der Reihenfolge der bedeutenden Entenkrankheiten ist an zweiter Stelle die Salmonellose zu nennen, die erstmals 1880 bekannt wurde. Insbesondere die nährstoffübersättigten und überdüngten Gewässer, bedingt durch Ausschwemmung der angrenzenden landwirtschaftlichen Nutzflächen, sowie überhegte Kleingewässer sind durch Salmonella-Bakterien besonders gefährdet. Bei Massenzuchtversuchen ist das Zusammentreffen von Kotanreicherung und verdorbenem, ins Wasser gekipptem Weichfutter wie Brot, oft die Ursache für den Ausbruch von Salmonellose-Erkrankungen mit Todesfolge.

Oft sind Enten ohne äußerlich erkennbare Anzeichen an Salmonellose erkrankt, wobei die Küken schon im Ei infiziert werden können. Verdorbene Futtermittel spielen eine wichtige Rolle und verursachen meistens die Infektion, vor allem, wenn die angebotenen Futtermittel eiweißreich sind, wie z. B. das Industriefutter. Deshalb wird hier noch einmal darauf hingewiesen, daß Fertigfutter immer aus einem wasserdicht überdachten Automaten verabreicht wird. Andernfalls greift man besser auf Getreide zurück.

Wenn die Fütterung aber so schlecht besucht wird, daß das angebotene Futter verdirbt, ist anzunehmen, daß ein ausreichendes, natürliches Nahrungsangebot vorhanden ist, oder das Revier wird von den Enten nicht frequentiert. In beiden Fällen muß auf das Füttern verzichtet werden.

Besonders begünstigt wird eine Salmonellen-Anreicherung in warmen, eiweißüberlasteten Gewässern, die ebenfalls meistens sehr flach sind, oft dicke Algenwatten aufweisen und bei denen sich der Wasserspiegel bis auf breite Schlammzonen im Flachwasserbereich während der warmen Jahreszeit absenkt.

Neben den beiden vorgenannten Krankheiten kommen bei den Enten noch Bleivergiftung und der Befall von Endo- und Ektoparasiten in Frage.

In Revieren, in denen ein andauernder, starker Jagddruck besteht, nehmen die Enten während der Nahrungssuche die ins Wasser gefallenen Schrote auf, wodurch es dann zur Bleivergiftung kommen kann.

Gegen blutsaugende Parasiten, die ebenfalls Verluste anrichten, kann im Frühjahr während der Reparatur der künstlichen Bruthilfen und Erneuerung des Nistmaterials mit einem Desinfektionsmittel eine Abwehrmaßnahme getroffen werden.

Bejagung der Stockenten

Bei stabilem Stockentenbesatz soll nach altem Grundsatz der Hege ein vertretbarer Teil abgeschöpft, das heißt geerntet werden, wobei eine maßvolle Bejagung schon eine besondere Hegemaßnahme darstellt. In Brutgebieten sollen (nach Dr. Franz Müller „Wildbiologische Informationen 1983") 15 % des Frühjahrsbestandes, unter Beachtung des jährlichen Zuwachses von ca. 2–5 Stück pro Mutterente, geschossen werden.

In Durchzugsgebieten können nach meinen Beobachtungen gut 30 % des Besatzes genutzt werden, denn gerade die Stockenten kommen oft aus Brutgebieten (z. B. von ortsnahen Flüssen und Seen), die nur wenig oder überhaupt nicht bejagt werden können. Auf diese Weise wird ein Ausgleich geschaffen und dem natürlichen Erpelüberhang entgegengewirkt.

Seit 1974/75 zeigen die Statistiken der erlegten Stockenten einen deutlichen Aufwärtstrend. Allerdings scheinen die steigenden Zahlen der Erhebungen der letzten 20 Jahre bei den Stockenten nicht auf besonders günstigen Lebensbedingungen zu basieren, denn gerade die Lebensbedingungen wurden mit zunehmendem Maße schlechter; es liegt eher am jagdlichen Interesse für Wasserwild, bedingt durch mangelnde Niederwildbesätze in den vergangenen Jahren. Wieviel ehrenamtliche Vogelzähler gab es vor 20 Jahren gegenüber heute, und wer hat schon in den 50er und 60er Jahren speziell an Entenhege gedacht? Mit dem wachsenden Interesse für Stockenten und dem Bewußtsein, daß diese Wildart stärker genutzt werden kann, kam es mit zunehmendem Jagddruck zu ständig steigenden Streckenzahlen, was bei 265 000 Jagdscheininhabern nicht verwunderlich ist.

Da die Mutterente den Grundstock für einen stabilen Entenbesatz darstellt, muß sie unbedingt geschont werden, und die Jäger sollten sich vornehmlich auf die Bejagung der Erpel konzentrieren.

Daraus ergibt sich für die Bejagung, vor allem, wenn sie schon Anfang September stattfindet, nur eine, aus hegerischer Sicht richtige Jagdart. Es ist der Ansitz oder Anstand beim Morgen- oder Abendstrich. Sobald die Enten getrieben oder angegangen werden, besteht die Gefahr, daß noch führende Mutterenten zur Strecke kommen, die aber für das Überleben des Jungschofes unentbehrlich sind. Demzufolge muß eigentlich jedem Heger klar werden, daß eine sinnvolle Bejagung erst ab 1. Oktober gerechtfertigt ist, um solche gravierenden Fehler auszuschließen. Wenn ab 1. September schon gejagt wird, dann nur in ausreichender Entfernung vom Brutgewässer auf streichende Vögel.

Die Jagd im September auf feldernde Enten, die sich abends zur Nahrungssuche auf den abgeernteten Äckern niederlassen, kann bedenkenlos ausgeübt werden, da sich unter ihnen kaum welche befinden, die noch flugunfähige Küken zu betreuen haben. Obwohl sich in der Regel Ende August– Anfang September führende Enten noch in der Mauser befinden, kommt es immer wieder vor, daß bei der Suchjagd mit dem Hund kurz auffliegende Mutterenten geschossen werden.

In den ersten Septemberwochen offenbart sich eine weitere Schwierigkeit, weil es in dieser Jahreszeit – auch für den erfahrenen Wasserwildjäger – unmöglich ist, bei schwindendem Licht aus einem vorüberstreichenden Schof gezielt den Erpel herauszuschießen. Denn in dieser Zeit sind die meisten Erpel noch im sogenannten Schlichtkleid und die gerade flugfähigen

Jungerpel zeigen noch nicht die typische Winterfärbung und schon gar nicht den sonst bei Dämmerung erkennbaren weißen Halsring.

Eine sinnvolle Bejagung der Stockenten kann nur unter Berücksichtigung der biologisch erforderlichen Entwicklungsstufe erfolgen, woraus letztendlich auch der Jagdbeginn im Herbst resultiert. Die vorrangige Bejagung der Erpel beruht auf der Erkenntnis, daß:

1. bei brütenden Enten schon genug natürliche Verluste auftreten,

2. der männliche Anteil beim Schlupf ohnehin überwiegt,

3. die Störung des Brutablaufes durch Erpelüberhang zum Verlust der Mutterente und damit des ganzen Geleges führen kann.

Die Darstellungen des Berufsjägers Harald Nieß vom Landesjagdverband Hamburg auf der Ausstellung „Wildtier und Umwelt" 1986 in Nürnberg haben schwerpunktmäßig gezeigt, daß die Enten während der Brutpause bei starkem Erpelüberhang buchstäblich umgebracht werden oder später an Streß und Schwäche eingehen. Ebenfalls haben Jäger schon beobachtet, wie die Ente von den stürmischen Erpeln regelrecht ertränkt wurde.

Es kann nur immer wieder darauf hingewiesen werden, daß ein Teil sinnvoller Entenhege die vordringliche Bejagung der Erpel beinhaltet, damit das Geschlechterverhältnis in Zukunft zu Gunsten der Enten beeinflußt wird.

Durch den Überbesatz von Erpeln kommt es zur Brutzeit nicht selten zur Vergewaltigung oder an Streß verendenden Mutterenten.

Die älteren Niederwildjäger können sich bestimmt an die sechziger Jahre erinnern, in denen doch zu oft die Hälfte der Strecke aus Fasanenhennen bestand. Und nicht zuletzt hat auch dieser Bejagungsfehler – wie sich später herausstellte – dazu beigetragen, daß in den gleichen Revieren heute nur noch ein paar Hähne geschossen oder die Fasanen aufgrund von Einzelvorkommen überhaupt nicht mehr bejagt werden. Daß weibliche Enten mit auf der Strecke liegen, ist völlig normal und gehört auch zur Zielsetzung eines ausgewogenen Geschlechterverhältnisses, aber ihr Anteil darf am Ende des Jagdjahres 20–30 % nicht übersteigen. Zumal dann nicht, wenn durch jagdliche Einwirkung ein positives Verhältnis der Geschlechter herbeigeführt werden soll, was zum Fortbestand eines stabilen Entenbesatzes beiträgt.

Wenn alle Kriterien, die sich aus einer frühen Entenjagd im September ergeben, mit vernünftigem Jagdverstand addiert werden, kommt man zweifellos zu dem Ergebnis, daß der 1. Oktober der einzig richtige Zeitpunkt ist, um mit gutem Gewissen auf Breitschnäbel zu waidwerken.

Zu einer ordentlichen und waidgerechten Wasserwildjagd gehört verständlicherweise ein brauchbarer Jagdhund, der in der Lage ist, auch bei niedrigsten Temperaturen und erschwerten Bedingungen aus tiefem Wasser und allen Entfernungen sicher zu apportieren. Und genau diese Leistung unseres vierbeinigen Helfers muß sich der Jäger gleich nach dem Schuß auf eine Ente zunutze machen, und nicht – wie immer wieder zu beobachten – erst bei völliger Dunkelheit, wenn ein weiteres Schießen nicht mehr möglich ist. Solche Praktiken, bei denen die Hundearbeit als Zeitverlust angesehen wird, damit möglichst viele Enten zur Strecke kommen, sind schier als Aasjägerei zu bezeichnen und mit keiner Ausrede entschuldbar.

Krankes oder verendetes Flugwild nach dem Schuß sofort zu bergen, gehört zum obersten Gebot der waidgerechten Jagd.

Zu der alten Jägerweisheit, die den Anfängern rät „man solle nicht die erste Ente beschießen, denn der Erpel streicht immer hintendran, und der soll in erster Linie geschossen werden", möchte ich einiges hinzufügen. Die Tatsache, daß gerade im Herbst, wenn es zur Nahrungssuche geht, der Flugverband oftmals von einem Erpel angeführt wird, zeigt deutlich, daß nur das richtige Ansprechen die gezielte Bejagung der Erpel gewährleistet. Mit dem Grundsatz: „Ist das Licht schon so schlecht, daß die bunte Färbung des Erpels nicht mehr zu erkennen ist, Hahn in Ruh, was Du nicht kennst, das schieß nicht tot", wird die Entenjagd vertretbar. Auch die Jagd in Winternächten bei Schnee und Vollmond ist nicht nur unwaidgerecht, sie ist auch nach dem BJG § 19 (1) Nr. 4 verboten.

Bei fertig gemauserten Stockenten kann die Unterscheidung zwischen Erpel und Ente mühelos vollzogen werden.

Aber Anfang September mit Aufgang der Jagdzeit, wenn vor allem die Jungerpel noch im Schlichtkleid sind, ist die gezielte Bejagung unmöglich.

Er lautet: „Verboten ist, Schalenwild, ausgenommen Schwarzwild, sowie Federwild, zur Nachtzeit zu erlegen; als Nachtzeit gilt die Zeit von 1,5 Stunden nach Sonnenuntergang bis 1,5 Stunden vor Sonnenaufgang; das Verbot umfaßt nicht die Jagd auf Möwen, Waldschnepfen, Auer-, Birk- und Rackelwild."

Anfang Januar sollte die Jagd auf Stockenten eingestellt werden, denn die Vögel verbrauchen bei jeder Flucht wertvolle Energie, die aber von den weiblichen Enten wegen der frühen Legezeit erstens für das eigene Überleben und zweitens für die erfolgreiche Jungenaufzucht unbedingt gebraucht wird. Die Erfahrung hat gezeigt, daß Stockenten, die von Anfang Oktober bis Ende Dezember bejagt werden, sehr locker auf dem Wasser liegen und bei geringster Störung abstreichen. Ohnehin ist der Januar der Monat, in dem fast überall in der Bundesrepublik Frost und Schnee herrschen. Wer seine Enten hegt, bringt zur Notzeit regelmäßig Futter ans Wasser und läßt die Flinte im Schrank. Der „Störfaktor Jagd" – vor allem, wenn er sich jede Woche wiederholt – führt nicht nur zu erhöhtem Energieverlust, sondern mit Sicherheit auch zum Abwandern der Enten.

Um Bejagungsfehler möglichst auszuschließen, hier einige Empfehlungen aus der Praxis:

1. Beginn der Jagd sollte der 1. Oktober sein. Mit diesem Zeitpunkt wird ausgeschlossen, daß noch führende Mutterenten durch die Hand des Hegers zur Strecke kommen.

2. Eine gute Entenjagd muß vorbereitet sein. An mehreren Abenden beobachten, aus welcher Richtung die Enten anstreichen und so die Stände herrichten, daß jeder Schütze über genügend Schußfeld verfügt. Außerdem trägt der vorbereitete Stand zum ruhigen Jagdablauf bei.

3. Die Stände sollen sich immer am Ostufer eines Gewässers befinden, damit die Enten gegen den hellen westlichen Abendhimmel besser angesprochen werden können.

4. Von Oktober bis Dezember 3–4 Gesellschaftsjagden – natürlich der Gewässergröße angepaßt – abhalten und nicht jede Woche mit 2–3 Schützen das Feuchtgebiet verunsichern. Dadurch kommen mehr Schützen zu einer Jagdeinladung und bei weniger Beunruhigung die gleiche Strecke zustande.

5. Die Schützen so postieren, daß am gegenüberliegenden Ufer niemand gefährdet wird.

6. Mindestens jeder zweite Wasserwildjäger muß einen brauchbaren Hund mit sich führen, an Fließgewässern dagegen **jeder** Schütze.

7. Die klassische Entenjagd ist der „Ansitz" oder „Anstand", die Schützen sollen mind. 20 Minuten vor dem eigentlichen Strich ihren Stand bezogen haben.

8. Nicht gleich die ersten Enten beschießen, ruhig den ersten Schof wassern lassen, dadurch kommen anschließend beim ersten Knall mehr Jäger zum Schuß.

9. Die Enten mit Schrotstärke 3 mm (Nr. 5) und im Spätherbst und Winter mit 3 1/2 mm (Nr. 3) beschießen.

10. Die Vögel werden oft auf zu große Entfernungen beschossen. Deshalb in Ruhe abwarten, bis sich die Enten auf eine waidgerechte Schußentfernung genähert haben (max. 35 m).

11. Nicht eher wieder schießen, bis die vorher getroffene Ente geborgen am Ufer liegt.

12. Krankgeschossene Enten liegen so flach im Wasser, daß nur Kopf und Schultern in einer dünnen Bugwelle zu erkennen sind. Deshalb den Fangschuß etwas höher anhalten, denn die Wasserlinie täuscht.

13. Kranke, wegtauchende Enten bei nächster Gelegenheit wieder beschießen und dann erst den Hund schnallen, weil der Jagdhund durch die abprallenden Schrote bei der Wasserarbeit besonders gefährdet ist. Es sei denn, die kranke Ente taucht bis an den Pflanzengürtel, hier muß der Hund sofort in Aktion treten.

14. Die Jagdausübung an den Fütterungen unterlassen. Erstens aus Gründen der Waidgerechtigkeit und zweitens, um die Enten nicht zu vergrämen.

15. Der Schuß auf schwimmende Enten muß aus jagdethischen Gründen unterbleiben.

Für die Bejagung bleiben nach dem BJG – unter Berücksichtigung der Landesregelungen – folgende Entenarten übrig, wobei die Stockente in allen Bundesländern dominiert und ca. 90 % der Gesamtstrecke ausmacht. Stand 2. April 1977:

Schwimmenten: Stock-, Knäk-, Krick-, Pfeif- und Spießente
Tauchenten: Reiher- und Tafelente
Meeresenten: Trauer-, Samt- und Bergente

Sollte bei der Jagd eine seltener vorkommende Ente geschossen werden, wie z. B. Knäk- oder Pfeifente, so hat das auf ihren

Bestand sicher keinen negativen Einfluß. Denn genauso selten wie sie im Binnenland auftritt, wird sie auch bei der Jagd zur Strecke kommen.

Damit die Wasservogelforschung auch in Zukunft Auswertungen, die für die Entenhege von großer Bedeutung sind, noch besser vornehmen kann, sei ein sehr dringender Aufruf an alle Wasserwildjäger, denen beringte Enten bei der Jagdausübung oder beim Reviergang auffallen, gerichtet.

Ringfunde sollen unbedingt gemeldet werden an:

Im norddeutschen Raum: Vogelwarte Helgoland
2940 Wilhelmshaven-Rüstersiel

In Süddeutschland: Vogelwarte Radolfzell
7760 Radolfzell 16

Die genaue Ringnummer, die Aufschrift, der Erlegungsort und die Angabe der Entenart sind bei der Meldung erforderlich.

Hochbrutflugenten

Da bei der Definition der Bezeichnung „Hochbrutflugenten" abenteuerliche Geschichten zustande kommen und selbst Wissenschaftler völlig falsche oder verzerrte Angaben auftischen, lohnt es sich, eigens dieser domestizierten Entenart, ihr einen Abschnitt zu widmen.

Die ständige Zunahme der Hochbrutflugenten, in erster Linie auf den Gewässern der Städte und Kurorte, auf denen sie täglich von der Bevölkerung gefüttert werden, trägt immer mehr und mehr dazu bei, daß unsere wilden Stockentenbesätze bis hin zum entlegensten Tümpel mit Bastardblut gekreuzt werden. An dieser Faunenverfälschung haben sich zum Teil die Jäger mitschuldig gemacht, weil für die Wasserarbeiten der Hundeprüfungen und den lukrativen Teichbesatz von den erwerbsmäßigen Vermehrungszuchten bedenkenlos Hochbrutflugenten gekauft und in die freie Natur entlassen wurden. Die Jäger sollten beim Kauf ausdrücklich auf reinrassige, wilde Stockenten bestehen, damit nicht im zunehmenden Maße alle nur erdenklichen Farbmutationen unsere Feuchtgebiete bevölkern. Das Aussetzen oder Ansiedeln fremder Tierarten – und dazu gehört die Hochbrutflugente – in der freien Natur ist nur mit schriftlicher Genehmigung der zuständigen obersten Landesbehörde oder der von ihr bestimmten Stelle zulässig. Es soll im Laufe des Textes nicht immer von Verboten die Rede sein, aber in Anbetracht der negativen Zustände in den letzten Jahren kann dieser Hinweis gar nicht oft genug zur Sprache kommen.

Hier nun die Herkunfts- und Entstehungsgeschichte besagter Artverderber:

Bei Hochbrutflugenten, die hauptsächlich auf ortsnahen Gewässern zu sehen sind, kommen die unterschiedlichsten Farbmutationen vor.

Vor wenigen Stunden geschlüpfte wilde Stockentenküken, aber leider mit Bastardblut der Hochbrutflugenten gekreuzt.

Um die Jahrhundertwende trieben die Bauern der Lüneburger Heide im Frühjahr ihre Hausenten in die damals noch wasserreiche Moorlandschaft mit der Absicht, daß sich das begehrte Hausgeflügel vermehrt und bis zum Herbst soviel Nahrung selbst gesucht hat, bis ein akzeptables Schlachtgewicht erreicht worden war. Aber schon vor dem Heimtrieb bei der Zählung im Herbst mußten die enttäuschten Bauern feststellen, daß das Gewicht der Enten zwar zufriedenstellend war, aber zahlenmäßig nicht mehr nach Hause getrieben werden konnte, als man im Frühjahr ins Moor brachte. Dieses – für die Bauern weniger lukrative – Ergebnis führte zu der Überlegung, daß die am Boden brütende Hausente durch das Raubwild zu stark gefährdet war und nur die Kreuzung mit der flugfähigen, oft auf Bäumen brütenden, wilden Stockente die erhoffte Vermehrungsrate herbeiführen könnte. Und so kreuzte man etwa um 1920 die damals bodenständige Hausente der Lüneburger Heide so lange mit der wilden Stockente, bis ein flugfähiges, hochbrütendes Zuchtergebnis erreicht war. Die Aufnahmen zeigen Farbmutationen, die auf Einkreuzung durch Hochbrutflugenten zurückzuführen sind.

Seit etwa 50 Jahren gibt es nun in Deutschland und den Nachbarländern, an der Küste und an den Binnengewässern, buntgescheckte, ein- oder mehrfarbige Hochbrutflugenten. Die typischen Zuchtfarben der Peking-, Sachsen-, Gimbsheimer-, Pommern-, Streicher-, Cayuga- und sogar der Haubenente kommen bei den gekreuzten Stockenten immer wieder durch.

Es liegt leider nicht immer in unserer Macht, gerade im ortsnahen Bereich, in dem der Anteil der Hochbrutflugenten überwiegt, für Artenreinheit zu sorgen, aber überall dort, wo die Wasserwildjagd ausgeübt wird, müssen die Hochbrutflugenten vorrangig aus den Wildlebensräumen entnommen werden. Wir

Im Vergleich: wilder Stockerpel und Hochbruterpel mit der Farbe der häufig zu findenden Pommern- oder Cayugaente.

können nicht ständig Naturbewußtsein und Ökologieverständnis demonstrieren und gleichzeitig die „Bastardisierung" der Tierarten begünstigen.

Alle Jäger und Grundeigentümer, die ein Feuchtgebiet mit Wildenten bereichern wollen, müssen durch einen reinblütigen Besatz solchen Gefahren entgegenwirken.

Mit dem auf die Gegenwart bezogenen, berechtigten Appell – „wer sein Wild nicht ausreichend hegt, hat gesetzlich und moralisch kein Recht auf die Jagdausübung" – komme ich zum Schluß.

Wir Jäger müssen verhindern, daß leichtfertig und gedankenlos „Flintenfutter" herangezüchtet wird, das man schlechthin als Wildente bezeichnet. Die Erhaltung der reinrassigen, wilden Tierarten und ihrer Lebensräume muß oberstes Gebot sein.

Nicht nur bei der Entenhege kommt es darauf an, die Kriterien der Arterhaltung, des Umwelt- und Naturschutzes, der Jagdpflege und der eventuell auftretenden Seuchen mit einzubeziehen, um den Anforderungen, die an uns als Heger gestellt sind, gerecht zu werden.

Gleichzeitig müssen wir alles dafür tun, den späteren Generationen eine intakte Natur mit ihrem „möglichst" ursprünglichen Charakter vererben zu können.

Wenn die aufgezeigten Anleitungen für die Stockentenhege draußen im Revier praktisch angewandt werden, ist der Erfolg der Hege dieses eleganten Flugwildes vorgezeichnet und wird dem Wasserwildjäger manch erfüllte Stunde bereiten.

Trotz scheinbarem Umwelterwachen bei der Bevölkerung sind solche Bilder auch heute noch keine Seltenheit.

Literatur:

Pretscher, P., Kleingewässer schützen und schaffen, AID Broschüre, 1984
Müller, F., Wildbiologische Information, 1983
Bezzel, E., Wildenten, 1979
Böttger, K., Zeitschrift GEO, 1982